Unterrichten mit Felix 3

C.C. Buchner Oldenbourg

Unterrichten mit Felix

Herausgegeben von
Clement Utz (Regensburg) und
Andrea Kammerer (Schwabach)

Unterrichten mit Felix 3 wurde erarbeitet von
Reinhard Heydenreich (Forchheim), Dr. Michael Lobe (Nürnberg), Andrea Kammerer (Schwabach) und Clement Utz (Regensburg).

Über weiteres fakultatives Begleitmaterial zu **Latein mit Felix** informiert Sie
C.C. Buchners Verlag · Postfach 1269 · D 96003 Bamberg.

1. Aufl. 1 [7654321] 2010 09 08 07 06 05
Die letzte Zahl bedeutet das Jahr dieses Drucks.
Alle Drucke dieser Auflage sind, weil unverändert, nebeneinander benutzbar.

www.ccbuchner.de
www.oldenbourg-bsv.de

Lektorat: Bernd Weber
Gesamtherstellung: creo Druck & Medienservice GmbH, Bamberg

C.C. Buchner ISBN 3 7661 **5058** 8
Oldenbourg ISBN 3 486 **19783** 5

Inhalt

I. Allgemeiner Teil

Vorbemerkung

Das Lehrwerk LATEIN MIT FELIX *(LmF)* ist in **vier Bände** gegliedert und wurde für Latein als gymnasiale Eingangssprache (Latein als 1. Fremdsprache) erarbeitet.

Es steht in der Tradition der im gleichen Verlag erschienenen Lehrwerkreihen ROMA und FELIX, deren bewährte konzeptionell-didaktische Prinzipien (z.B. sprachliche Solidität, Doppelseitenprinzip, Sequenzgliederung, Vorentlastung) bewusst beibehalten wurden.
LmF wurde jedoch im Hinblick auf die veränderten Rahmenbedingungen (deutlich reduziertes Stundenvolumen, früheres Einsetzen der 2. Fremdsprache, veränderte Disposition heutiger Schüler für das Erlernen der Reflexionssprache Latein) gründlich umgestaltet und gezielt weiter entwickelt. Insbesondere wurden Maßnahmen zur stofflichen Ökonomisierung (z.B. Ausrichtung am „Bamberger Wortschatz", Modifizierung der grammatikalischen Progression) und im Hinblick auf eine sich rasch verändernde Schülerschaft ergriffen (z.B. Aufbau einer Methodenkompetenz, Elemente zur Wiederholung und zum nachhaltigen Lernen).
Die folgenden Anliegen waren den Verfassern bei der Erarbeitung des Lehrwerks besonders wichtig:

- Befähigung der Schüler zur Lektüre der in der Schule gelesenen lateinischen Originaltexte durch gezielten Aufbau einer nachhaltig gesicherten Sprachkompetenz
- dauerhafte Motivation der Schüler durch ansprechende Texte, attraktive Übungen und verständliche Grammatikdarbietung
- didaktische Offenheit und methodische Freiheit für die Lehrkräfte durch die Möglichkeit flexibler Handhabung der konstitutiven Teile des Werks

1. Die Sequenzen

Der **thematische Rahmen** ist durch die Gliederung in Sequenzen vorgegeben.
Die Lektionstexte von *LmF* sind in feste **Themenkreise** eingebunden, die den Schülern ein geschlossenes Bild ausgewählter kultureller Inhalte vermitteln und eine vertiefte Beschäftigung mit diesen ermöglichen. Jede Sequenz widmet sich einem interessanten und altersgerecht aufbereiteten Thema:

Die erste Sequenz von Band 3 *(Römische Kaiser)* knüpft an *LmF* 2 an, indem das Thema Augustus unter einem neuen Blickwinkel wiederaufgegriffen wird, um dann die Kaiser der julisch-claudischen Dynastie in chronologischer Folge darzustellen - und zwar vor dem Hintergrund des aktuellen Forschungsstandes der Geschichtswissenschaft.
Die zweite Sequenz *(Aus der Welt der Griechen)* bietet repräsentative Einblicke in griechisches Alltags- und Kulturleben: Olympische Spiele, Philosophie, Tragödie, Mythos.
Die dritte Sequenz *(Untergang und Neuanfang)* kehrt wieder nach Rom zurück und führt die erste Themeneinheit organisch fort, indem die großen geschichtlichen Linien von der späten Kaiserzeit bis hin zur christlichen Wende mit Konstantin und Karl dem Großen als Vater Europas gezogen werden.
Die vorletzte Sequenz *(Rom überschreitet die Grenzen)* ist in Fortführung der in *LmF* 1 und 2 bewährten narrativen Rahmenhandlungen als zusammenhängende Geschichte konzipiert: Römische Ingenieure unterhalten sich anlässlich des Baus eines Aquädukts in der Provence über die jeweiligen Erlebnisse und Erfahrungen in den Provinzen Gallien, Britannien und Sizilien. Dabei geraten sowohl geschichtliche als auch kulturhistorisch bedeutsame Phänomene in den Blick, wie Cäsars Britannienexpedition oder der Hadrianswall.
Abgerundet und abgeschlossen wird der Band mit einer Art „Who's who" der griechischen und lateinischen Antike *(Wissen und Macht)*. Den Reigen der prominenten Gestalten eröffnen die Griechen Sappho, Alexander der Große und Archimedes, während stellvertretend für die Römer Cicero und Seneca beleuchtet werden.
So wird in diesem Band in ausgewogener Weise sowohl der Ereignis- und Kultur- wie auch der Personengeschichte Rechnung getragen.

Jede Sequenz wird eingeleitet durch eine Auftakt-Doppelseite, den sog. **Sequenzteiler.** Dieser hat zweifache Funktion: Er setzt eine deutliche Zäsur, die neue Motivation verspricht, und führt in lockerer Form zu den Inhalten der folgenden Sequenz hin. Oft leisten dies Dialoge zwischen FELIX und seiner Reisegruppe – unterstützt von detailreichen Zeichnungen, die den Schüler zum Entdecken anregen und Fragen provozieren sollen.

2. Die Stofflektionen

Im folgenden Schaubild wird die idealtypische Anlage einer Lehrbuchlektion (Doppelseite) vorgestellt:

E Grammatische Vorentlastung:
- Einführung in den neuen Stoff
- kurze, einfache Sätze
- keine neuen Vokabeln (vgl. 7)

Ü Übungen und Aufgaben
- fakultativ zu behandeln
- typisiert nach ihrer Funktion:
  - Texterschließung
  - grammatische Vorentlastung
  - sprachliches Training
  - Handlungsorientierung
  (vgl. 4)

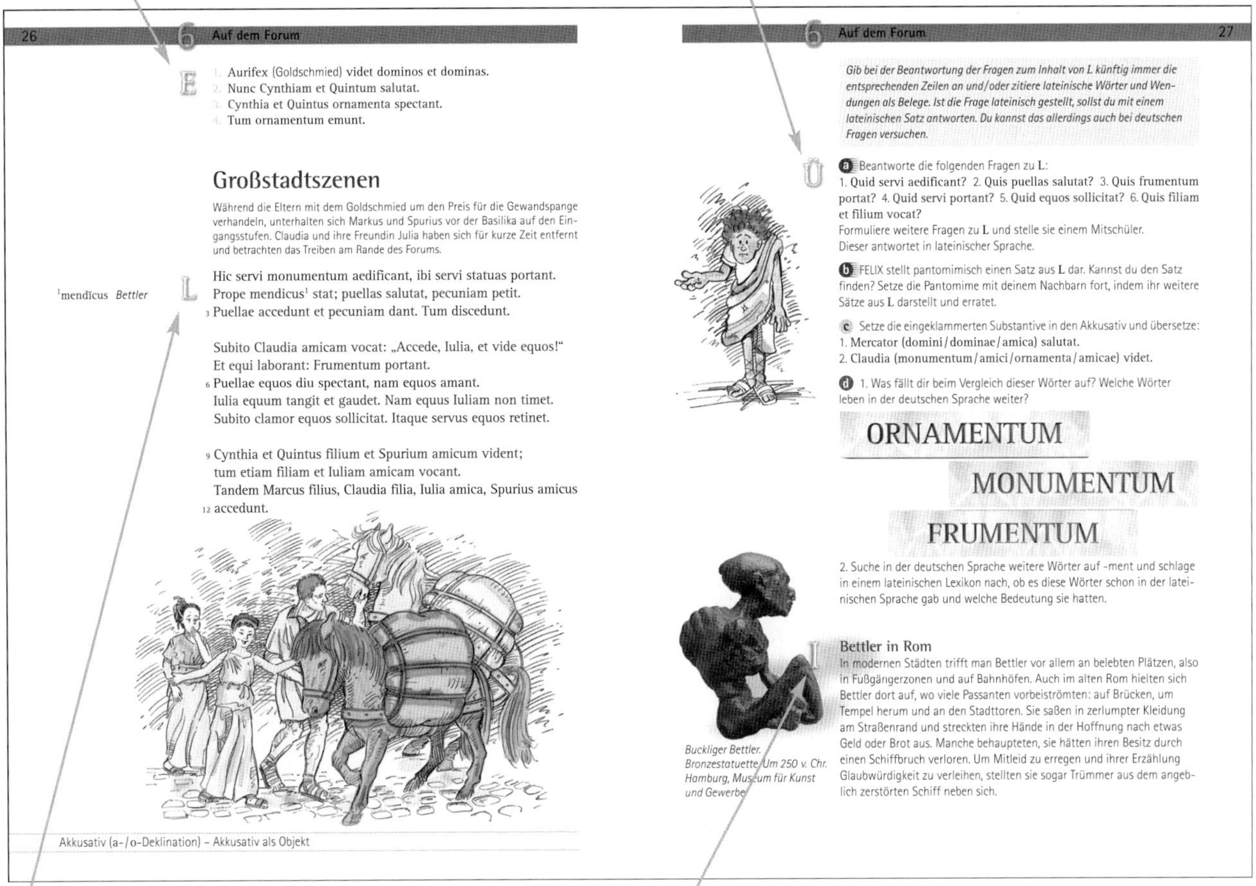

26 6 Auf dem Forum

E
1. Aurifex (Goldschmied) videt dominos et dominas.
2. Nunc Cynthiam et Quintum salutat.
3. Cynthia et Quintus ornamenta spectant.
4. Tum ornamentum emunt.

Großstadtszenen

Während die Eltern mit dem Goldschmied um den Preis für die Gewandspange verhandeln, unterhalten sich Markus und Spurius vor der Basilika auf den Eingangsstufen. Claudia und ihre Freundin Julia haben sich für kurze Zeit entfernt und betrachten das Treiben am Rande des Forums.

L
Hic servi monumentum aedificant, ibi servi statuas portant. Prope mendicus[1] stat; puellas salutat, pecuniam petit. Puellae accedunt et pecuniam dant. Tum discedunt.

Subito Claudia amicam vocat: „Accede, Iulia, et vide equos!“ Et equi laborant: Frumentum portant. Puellae equos diu spectant, nam equos amant. Iulia equum tangit et gaudet. Nam equus Iuliam non timet. Subito clamor equos sollicitat. Itaque servus equos retinet.

Cynthia et Quintus filium et Spurium amicum vident; tum etiam filiam et Iuliam amicam vocant. Tandem Marcus filius, Claudia filia, Iulia amica, Spurius amicus accedunt.

[1] mendīcus *Bettler*

Akkusativ (a-/o-Deklination) – Akkusativ als Objekt

6 Auf dem Forum 27

Gib bei der Beantwortung der Fragen zum Inhalt von L künftig immer die entsprechenden Zeilen an und/oder zitiere lateinische Wörter und Wendungen als Belege. Ist die Frage lateinisch gestellt, sollst du mit einem lateinischen Satz antworten. Du kannst das allerdings auch bei deutschen Fragen versuchen.

Ü
a Beantworte die folgenden Fragen zu L:
1. Quid servi aedificant? 2. Quis puellas salutat? 3. Quis frumentum portat? 4. Quid servi portant? 5. Quid equos sollicitat? 6. Quis filiam et filium vocat?
Formuliere weitere Fragen zu L und stelle sie einem Mitschüler. Dieser antwortet in lateinischer Sprache.

b FELIX stellt pantomimisch einen Satz aus L dar. Kannst du den Satz finden? Setze die Pantomime mit deinem Nachbarn fort, indem ihr weitere Sätze aus L darstellt und erratet.

c Setze die eingeklammerten Substantive in den Akkusativ und übersetze:
1. Mercator (domini / dominae / amica) salutat.
2. Claudia (monumentum / amici / ornamenta / amicae) videt.

d 1. Was fällt dir beim Vergleich dieser Wörter auf? Welche Wörter leben in der deutschen Sprache weiter?

ORNAMENTUM
MONUMENTUM
FRUMENTUM

2. Suche in der deutschen Sprache weitere Wörter auf -ment und schlage in einem lateinischen Lexikon nach, ob es diese Wörter schon in der lateinischen Sprache gab und welche Bedeutung sie hatten.

I
Bettler in Rom
In modernen Städten trifft man Bettler vor allem an belebten Plätzen, also in Fußgängerzonen und auf Bahnhöfen. Auch im alten Rom hielten sich Bettler dort auf, wo viele Passanten vorbeiströmten: auf Brücken, um Tempel herum und an den Stadttoren. Sie saßen in zerlumpter Kleidung am Straßenrand und streckten ihre Hände in der Hoffnung nach etwas Geld oder Brot aus. Manche behaupteten, sie hätten ihren Besitz durch einen Schiffbruch verloren. Um Mitleid zu erregen und ihrer Erzählung Glaubwürdigkeit zu verleihen, stellten sie sogar Trümmer aus dem angeblich zerstörten Schiff neben sich.

Buckliger Bettler. Bronzestatuette. Um 250 v. Chr. Hamburg, Museum für Kunst und Gewerbe

L Lektionstext
- Kernstück jeder Lektion; verbindlich zu behandeln enthält den Grammatikstoff und alle neuen Vokabeln (vgl. 6, 7)

I Informationstexte
- sachliche Diktion
- inhaltliche Vorentlastung
- Weiterführung, Abrundung

Im Normalfall können bei *LmF* für die Behandlung einer **Lehrbuchlektion 3–4 Unterrichtsstunden** veranschlagt werden (vgl. 7).

3. Die Wiederholungslektionen

Den Sequenzauftaktseiten entsprechen am Ende jeder Sequenz vierseitige Wiederholungslektionen (W), die reiches Material zur Vertiefung und Abrundung des gelernten Stoffes und der behandelten Thematik bieten. Da sie keinen neuen Stoff enthalten, ist ihre Behandlung fakultativ.

Die **erste Doppelseite** steht jeweils unter dem Motto **„Lesen mit Felix"**. Sie möchte nicht dem Übersetzungstraining dienen, sondern zur Lektüre anregen. Deshalb bietet sie **lateinische Texte**, die der Schüler weitgehend auch ohne wörtliche Übersetzung erschließen kann. Die leichte Verstehbarkeit der Texte wird durch einfaches, da syntaktisch wenig komplex strukturiertes und bezüglich der Wortwahl vielfach redundantes Latein, aber auch durch die Art der Darbietung erreicht, wie z.B. durch die unterstützenden Bilderfolgen eines Comic oder die kolometrische Schreibweise. Die so gestalteten Abschnitte festigen beim Schüler durch das intendierte Leseerlebnis bereits im Sprachunterricht die Vorstellung, dass lateinische Texte **interessante und verstehbare Lektüre** bieten. Außerdem regen **deutsche Texte** – zum Beispiel aus einschlägigen Jugendbüchern – zur lesenden Vertiefung der behandelten Themen in der Muttersprache an.

Schematisch lässt sich die Doppelseite „Lesen mit Felix" folgendermaßen darstellen:

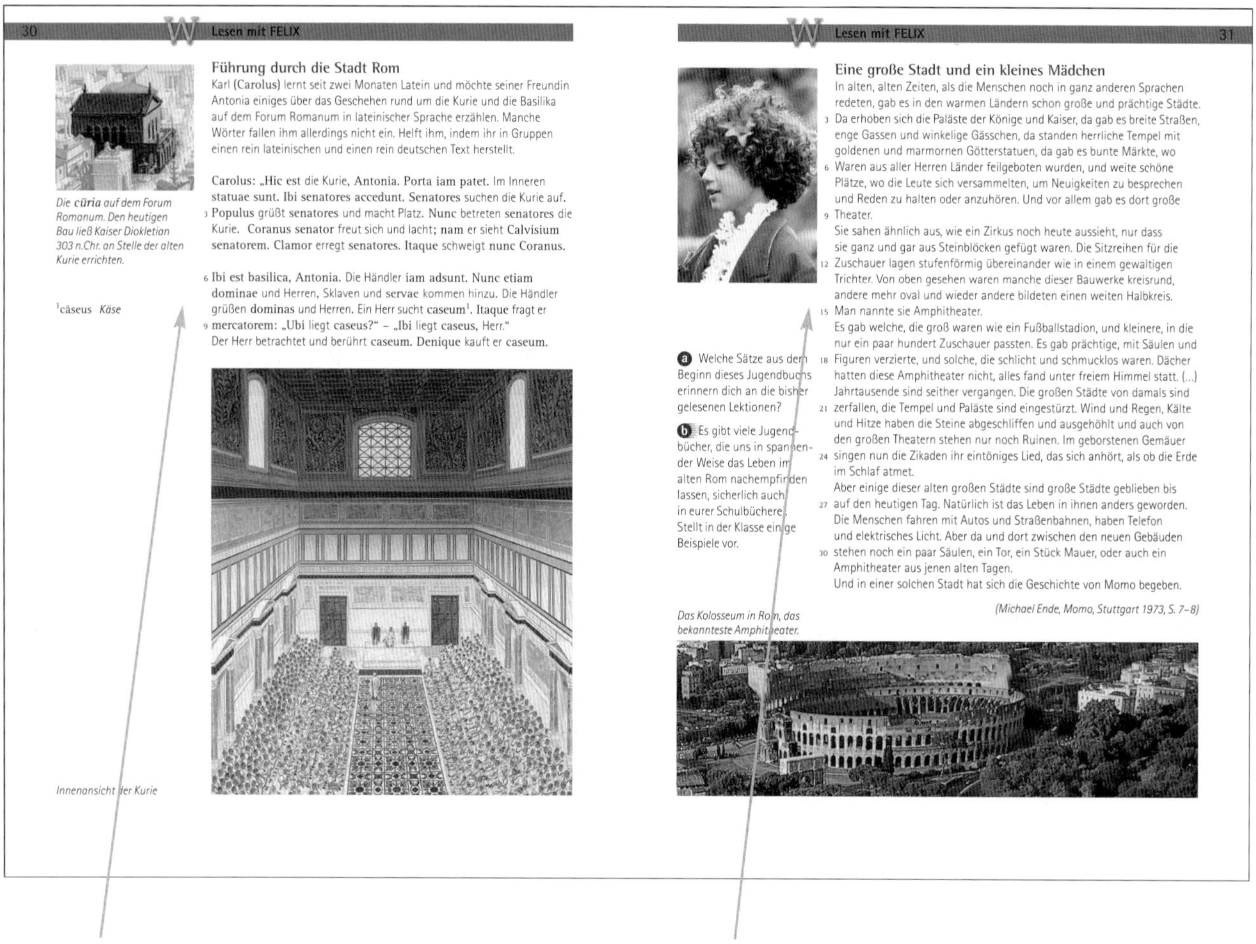
30 W Lesen mit FELIX

Führung durch die Stadt Rom

Karl (Carolus) lernt seit zwei Monaten Latein und möchte seiner Freundin Antonia einiges über das Geschehen rund um die Kurie und die Basilika auf dem Forum Romanum in lateinischer Sprache erzählen. Manche Wörter fallen ihm allerdings nicht ein. Helft ihm, indem ihr in Gruppen einen rein lateinischen und einen rein deutschen Text herstellt.

Carolus: „Hic est die Kurie, Antonia. Porta iam patet. Im Inneren statuae sunt. Ibi senatores accedunt. Senatores suchen die Kurie auf. Populus grüßt senatores und macht Platz. Nunc betreten senatores die Kurie. Coranus senator freut sich und lacht; nam er sieht Calvisium senatorem. Clamor erregt senatores. Itaque schweigt nunc Coranus.

Ibi est basilica, Antonia. Die Händler iam adsunt. Nunc etiam dominae und Herren, Sklaven und servae kommen hinzu. Die Händler grüßen dominas und Herren. Ein Herr sucht caseum[1]. Itaque fragt er mercatorem: „Ubi liegt caseus?" – „Ibi liegt caseus, Herr." Der Herr betrachtet und berührt caseum. Denique kauft er caseum.

Die cūria auf dem Forum Romanum. Den heutigen Bau ließ Kaiser Diokletian 303 n.Chr. an Stelle der alten Kurie errichten.

[1] cāseus *Käse*

Innenansicht der Kurie

Lesen mit FELIX 31

Eine große Stadt und ein kleines Mädchen

In alten, alten Zeiten, als die Menschen noch in ganz anderen Sprachen redeten, gab es in den warmen Ländern schon große und prächtige Städte. Da erhoben sich die Paläste der Könige und Kaiser, da gab es breite Straßen, enge Gassen und winkelige Gässchen, da standen herrliche Tempel mit goldenen und marmornen Götterstatuen, da gab es bunte Märkte, wo Waren aus aller Herren Länder feilgeboten wurden, und weite schöne Plätze, wo die Leute sich versammelten, um Neuigkeiten zu besprechen und Reden zu halten oder anzuhören. Und vor allem gab es dort große Theater.

Sie sahen ähnlich aus, wie ein Zirkus noch heute aussieht, nur dass sie ganz und gar aus Steinblöcken gefügt waren. Die Sitzreihen für die Zuschauer lagen stufenförmig übereinander wie in einem gewaltigen Trichter. Von oben gesehen waren manche dieser Bauwerke kreisrund, andere mehr oval und wieder andere bildeten einen weiten Halbkreis. Man nannte sie Amphitheater.

Es gab welche, die groß waren wie ein Fußballstadion, und kleinere, in die nur ein paar hundert Zuschauer passten. Es gab prächtige, mit Säulen und Figuren verzierte, und solche, die schlicht und schmucklos waren. Dächer hatten diese Amphitheater nicht, alles fand unter freiem Himmel statt. (...) Jahrtausende sind seither vergangen. Die großen Städte von damals sind zerfallen, die Tempel und Paläste sind eingestürzt. Wind und Regen, Kälte und Hitze haben die Steine abgeschliffen und ausgehöhlt und auch von den großen Theatern stehen nur noch Ruinen. Im geborstenen Gemäuer singen nun die Zikaden ihr eintöniges Lied, das sich anhört, als ob die Erde im Schlaf atmet.

Aber einige dieser alten großen Städte sind große Städte geblieben bis auf den heutigen Tag. Natürlich ist das Leben in ihnen anders geworden. Die Menschen fahren mit Autos und Straßenbahnen, haben Telefon und elektrisches Licht. Aber da und dort zwischen den neuen Gebäuden stehen noch ein paar Säulen, ein Tor, ein Stück Mauer, oder auch ein Amphitheater aus jenen alten Tagen.

Und in einer solchen Stadt hat sich die Geschichte von Momo begeben.

(Michael Ende, Momo, Stuttgart 1973, S. 7–8)

a Welche Sätze aus dem Beginn dieses Jugendbuchs erinnern dich an die bisher gelesenen Lektionen?

b Es gibt viele Jugendbücher, die uns in spannender Weise das Leben im alten Rom nachempfinden lassen, sicherlich auch in eurer Schulbücherei. Stellt in der Klasse einige Beispiele vor.

Das Kolosseum in Rom, das bekannteste Amphitheater.

Lateinischer Lesetext
leicht verstehbar durch
- einfache Sprache
- Aufbereitung

Deutscher Lesetext
- vertiefend
- anregend

Die **zweite Doppelseite** unter dem Motto **„Üben mit Felix"** dient dagegen vorwiegend dem Sprach- und Übersetzungstraining:

Übersetzungstest

in der Form einer Schulaufgabe (lat.-dt. Übersetzung)

Weitere sprachliche Übungen

- wiederholend
- vertiefend
- systematisierend

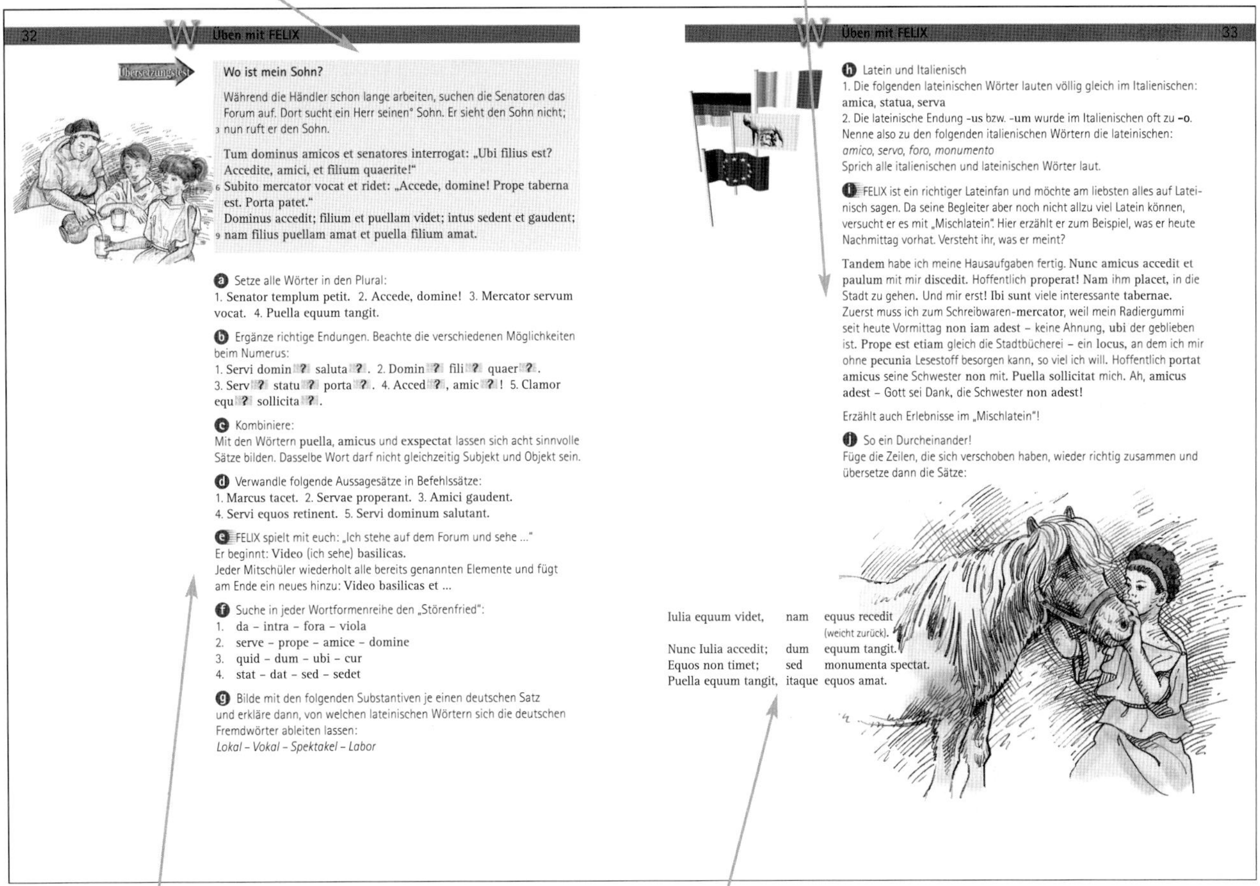

32 Üben mit FELIX

Übersetzungstest

Wo ist mein Sohn?

Während die Händler schon lange arbeiten, suchen die Senatoren das Forum auf. Dort sucht ein Herr seinen° Sohn. Er sieht den Sohn nicht; nun ruft er den Sohn.

Tum dominus amicos et senatores interrogat: „Ubi filius est? Accedite, amici, et filium quaerite!" Subito mercator vocat et ridet: „Accede, domine! Prope taberna est. Porta patet." Dominus accedit; filium et puellam videt; intus sedent et gaudent; nam filius puellam amat et puella filium amat.

(a) Setze alle Wörter in den Plural:
1. Senator templum petit. 2. Accede, domine! 3. Mercator servum vocat. 4. Puella equum tangit.

(b) Ergänze richtige Endungen. Beachte die verschiedenen Möglichkeiten beim Numerus:
1. Servi domin ? saluta ? . 2. Domin ? fili ? quaer ? .
3. Serv ? statu ? porta ? . 4. Acced ? , amic ? ! 5. Clamor equ ? sollicita ? .

(c) Kombiniere:
Mit den Wörtern puella, amicus und exspectat lassen sich acht sinnvolle Sätze bilden. Dasselbe Wort darf nicht gleichzeitig Subjekt und Objekt sein.

(d) Verwandle folgende Aussagesätze in Befehlssätze:
1. Marcus tacet. 2. Servae properant. 3. Amici gaudent.
4. Servi equos retinent. 5. Servi dominum salutant.

(e) FELIX spielt mit euch: „Ich stehe auf dem Forum und sehe ..."
Er beginnt: Video (ich sehe) basilicas.
Jeder Mitschüler wiederholt alle bereits genannten Elemente und fügt am Ende ein neues hinzu: Video basilicas et ...

(f) Suche in jeder Wortformenreihe den „Störenfried":
1. da – intra – fora – viola
2. serve – prope – amice – domine
3. quid – dum – ubi – cur
4. stat – dat – sed – sedet

(g) Bilde mit den folgenden Substantiven je einen deutschen Satz und erkläre dann, von welchen lateinischen Wörtern sich die deutschen Fremdwörter ableiten lassen:
Lokal – Vokal – Spektakel – Labor

Üben mit FELIX 33

(h) Latein und Italienisch
1. Die folgenden lateinischen Wörter lauten völlig gleich im Italienischen: amica, statua, serva
2. Die lateinische Endung -us bzw. -um wurde im Italienischen oft zu **-o**. Nenne also zu den folgenden italienischen Wörtern die lateinischen:
amico, servo, foro, monumento
Sprich alle italienischen und lateinischen Wörter laut.

(i) FELIX ist ein richtiger Lateinfan und möchte am liebsten alles auf Lateinisch sagen. Da seine Begleiter aber noch nicht allzu viel Latein können, versucht er es mit „Mischlatein". Hier erzählt er zum Beispiel, was er heute Nachmittag vorhat. Versteht ihr, was er meint?

Tandem habe ich meine Hausaufgaben fertig. Nunc amicus accedit et paulum mit mir discedit. Hoffentlich properat! Nam ihm placet, in die Stadt zu gehen. Und mir erst! Ibi sunt viele interessante tabernae. Zuerst muss ich zum Schreibwaren-mercator, weil mein Radiergummi seit heute Vormittag non iam adest – keine Ahnung, ubi der geblieben ist. Prope est etiam gleich die Stadtbücherei – ein locus, an dem ich mir ohne pecunia Lesestoff besorgen kann, so viel ich will. Hoffentlich portat amicus seine Schwester non mit. Puella sollicitat mich. Ah, amicus adest – Gott sei Dank, die Schwester non adest!

Erzählt auch Erlebnisse im „Mischlatein"!

(j) So ein Durcheinander!
Füge die Zeilen, die sich verschoben haben, wieder richtig zusammen und übersetze dann die Sätze:

Iulia equum videt,	nam	equus recedit (weicht zurück).
Nunc Iulia accedit;	dum	equum tangit.
Equos non timet;	sed	monumenta spectat.
Puella equum tangit,	itaque	equos amat.

Weitere sprachliche Übungen

- wiederholend
- vertiefend
- systematisierend

Knobelaufgabe

4. Die Übungen

Die Behandlung der Übungen in *LmF* ist fakultativ; ihre Konzeption verfolgt zwei Hauptziele:

1. **Effektivität** (vor allem im Hinblick auf die Schaffung eines Ordnungsrahmens und im Hinblick auf sprachliche und inhaltliche Texterfassung)

2. **Attraktivität** (der Altersstufe entsprechend, u. a. auch durch den spielerischen Charakter der Übungen)

Diese beiden Ziele werden auf folgende Weise angestrebt:

- Die Übungen werden – gekennzeichnet durch unterschiedliche Farben – in ihrer **Funktion** typisiert. Dadurch werden die methodischen Möglichkeiten bei der Verwendung der Übungen erweitert und ein rascher Zugriff ermöglicht. In jeder Lektion finden sich in fester Reihenfolge folgende Übungstypen:

  - Übungen mit **blauer Markierung**: Sie verweisen in ihrer Farbe auf L und dienen der Texterfassung und **Texterschließung**.

  - Übungen mit **gelber Markierung**: Sie sind farblich an die E-Sätze angepasst und ganz auf die **Einübung des neuen Grammatikstoffes** ausgerichtet. Sie enthalten keinen Wortschatz der neuen Lektion (Ausnahme: stoffgebundene Vokabeln, die in E auftreten) und können deshalb wie die E-Sätze vor L behandelt werden. Dies bietet dem Lehrer eine zusätzliche methodische Möglichkeit: Festigung des neuen sprachlichen Phänomens vor dessen Anwendung in L. Damit wird dem Anliegen jüngerer Überlegungen in der Fachdidaktik Rechnung getragen, sprachliche Phänomene vorentlastend und nicht unmittelbar am Text zu erarbeiten.

  - Übungen mit **roter Markierung**: Sie ermöglichen vertiefendes **sprachliches Training** zur aktuellen Lektion oder die Umwälzung und Wiederholung von bereits gelernten Grammatikphänomenen.

- Zusätzlich wurde eine weitere Differenzierung der Übungen vorgenommen: Manche Übungen sind mit einem „Schatten" gekennzeichnet; damit sind **handlungsorientierte Übungen** und solche mit Spiel- und Wettbewerbscharakter besonders hervorgehoben. Ihrer Intention gemäß sprechen sie Schülerpaare oder -gruppen an und sind deshalb im Plural formuliert. Sie reichen von Rollenspielen zur Texterschließung über knifflige Rätsel bis zu wiederkehrenden Spielformen wie „Formenstaffel" oder „Formentelefon". Diese Übungen kommen im Durchschnitt in jeder Lektion einmal vor und können bei allen drei Übungstypen auftreten.

- Häufig trifft man auf Übungen, die der **Systematisierung** der Sprachphänomene dienen. Es ist ein wichtiges Anliegen, die Vielfalt der Formen zu ordnen und den Schülern einen Ordnungsrahmen vor Augen zu führen, in den sie von Bekanntem ausgehend neue Phänomene einpassen können.

- Im Hinblick auf das vorrangige Ziel des Sprachunterrichts, die Schulung der Übersetzungsfähigkeit, haben auch Übungen, die das **Denken am Satz** – und nicht nur an der Einzelform – verlangen, besonderes Gewicht.

- Da die Praxis zeigt, dass beim Gymnasialanfänger die Fähigkeit, eigene Fehler zu finden und zu verbessern (z. B. bei der Besprechung der Hausaufgabe oder beim abschließenden Durchlesen der Schulaufgabe), gezielt gefördert werden muss, finden sich immer wieder Übungen zur **Fehleranalyse**.

- Deutsche **Fremd- und Lehnwörter** verstehen, **Fachbegriffe** beherrschen – dies sind Fertigkeiten, die der L1-Schüler seinen Kameraden, die sich für eine andere gymnasiale Eingangssprache entschieden haben, oft voraus hat. Kontextorientierte Übungen aus diesen Bereichen sollen zur Nutzung dieser Kompetenz in der Praxis motivieren.

- Die inhaltlich orientierten Aufgaben (blaue Markierung) führen die Schüler an die Techniken der **Texterfassung und Texterschließung** heran: Das Gliedern in Sinnabschnitte, die Untersuchung des Spannungsaufbaus eines narrativen Textes, die Analyse von Wortwahl und Satzbau oder das Belegen von Aussagen durch Textzitate sind Methoden, die für erfolgreiches Arbeiten in allen gymnasialen Fächern Grundvoraussetzung sind. Auch die Möglichkeiten gestalterisch-kreativer Texterfassung und produktiver Rezeption werden ausgeschöpft: Von Pantomimen über Bildergeschichten bis hin zu Fächer übergreifenden Projekten finden sich zahlreiche Anregungen.

Die Übungen sind z. T. graphisch aufbereitet, um Abstraktes zu veranschaulichen und die Motivation der Schüler zu erhöhen. In ihrer überwiegenden Mehrzahl lassen sich die Übungen mit **geringem zeitlichen Aufwand** bearbeiten und so gemäß ihrer unterstützenden Funktion zielgerichtet in einzelnen Phasen einer Unterrichtsstunde einbringen.
Der Lehrerband enthält im dritten Teil die **Lösungen** zu den sprachlichen Übungen; sie sind als **Kopiervorlagen** aufbereitet, die der Lehrer je nach methodischer Vorgehensweise z.B. auf Folie brennen oder als Lösungsblatt für Freiarbeitsphasen vervielfältigen kann.

5. Die Wortschatz- und Grammatikseiten

Die Wortschatz- und Grammatikteile sind Lektionen begleitend angelegt und in die Einzelbände integriert. Sie sind – je nach Stoff / Lektion – unterschiedlich umfangreich, weisen jedoch in ihren Bestandteilen regelmäßig die gleiche Abfolge auf: Zuerst erscheint der Wortschatz (immer auf einer neuen Seite beginnend), dann werden die grammatischen Stoffe dargeboten.

Das folgende Schaubild vermittelt die übliche Struktur am Beispiel einer zweiseitigen Anlage:

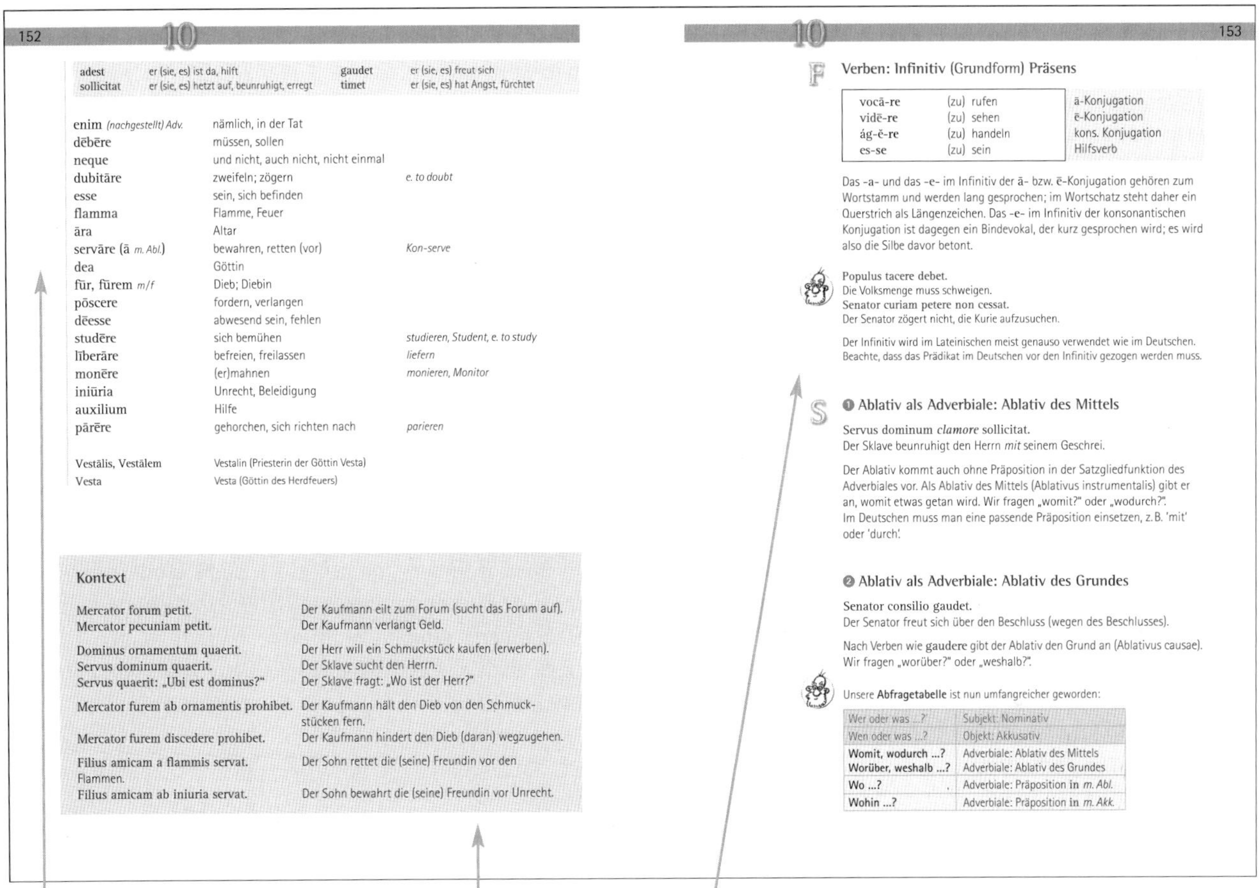

152 10

adest	er (sie, es) ist da, hilft	gaudet	er (sie, es) freut sich
sollicitat	er (sie, es) hetzt auf, beunruhigt, erregt	timet	er (sie, es) hat Angst, fürchtet

enim *(nachgestellt) Adv.*	nämlich, in der Tat	
dēbēre	müssen, sollen	
neque	und nicht, auch nicht, nicht einmal	
dubitāre	zweifeln; zögern	*e. to doubt*
esse	sein, sich befinden	
flamma	Flamme, Feuer	
āra	Altar	
servāre (ā *m. Abl.*)	bewahren, retten (vor)	*Kon-serve*
dea	Göttin	
fūr, fūrem *m/f*	Dieb; Diebin	
pōscere	fordern, verlangen	
dēesse	abwesend sein, fehlen	
studēre	sich bemühen	*studieren, Student, e. to study*
līberāre	befreien, freilassen	*liefern*
monēre	(er)mahnen	*monieren, Monitor*
iniūria	Unrecht, Beleidigung	
auxilium	Hilfe	
pārēre	gehorchen, sich richten nach	*parieren*
Vestālis, Vestālem	Vestalin (Priesterin der Göttin Vesta)	
Vesta	Vesta (Göttin des Herdfeuers)	

Kontext

Mercator forum petit.	Der Kaufmann eilt zum Forum (sucht das Forum auf).
Mercator pecuniam petit.	Der Kaufmann verlangt Geld.
Dominus ornamentum quaerit.	Der Herr will ein Schmuckstück kaufen (erwerben).
Servus dominum quaerit.	Der Sklave sucht den Herrn.
Servus quaerit: „Ubi est dominus?“	Der Sklave fragt: „Wo ist der Herr?“
Mercator furem ab ornamentis prohibet.	Der Kaufmann hält den Dieb von den Schmuckstücken fern.
Mercator furem discedere prohibet.	Der Kaufmann hindert den Dieb (daran) wegzugehen.
Filius amicam a flammis servat.	Der Sohn rettet die (seine) Freundin vor den Flammen.
Filius amicam ab iniuria servat.	Der Sohn bewahrt die (seine) Freundin vor Unrecht.

10 153

F Verben: Infinitiv (Grundform) Präsens

vocā-re	(zu) rufen	ā-Konjugation
vidē-re	(zu) sehen	ē-Konjugation
ág-ĕ-re	(zu) handeln	kons. Konjugation
es-se	(zu) sein	Hilfsverb

Das -a- und das -e- im Infinitiv der ā- bzw. ē-Konjugation gehören zum Wortstamm und werden lang gesprochen; im Wortschatz steht daher ein Querstrich als Längenzeichen. Das -e- im Infinitiv der konsonantischen Konjugation ist dagegen ein Bindevokal, der kurz gesprochen wird; es wird also die Silbe davor betont.

Populus tacere debet.
Die Volksmenge muss schweigen.
Senator curiam petere non cessat.
Der Senator zögert nicht, die Kurie aufzusuchen.

Der Infinitiv wird im Lateinischen meist genauso verwendet wie im Deutschen. Beachte, dass das Prädikat im Deutschen vor den Infinitiv gezogen werden muss.

S ❶ Ablativ als Adverbiale: Ablativ des Mittels

Servus dominum *clamore* sollicitat.
Der Sklave beunruhigt den Herrn *mit* seinem Geschrei.

Der Ablativ kommt auch ohne Präposition in der Satzgliedfunktion des Adverbiales vor. Als Ablativ des Mittels (Ablativus instrumentalis) gibt er an, womit etwas getan wird. Wir fragen „womit?“ oder „wodurch?“. Im Deutschen muss man eine passende Präposition einsetzen, z.B. 'mit' oder 'durch'.

❷ Ablativ als Adverbiale: Ablativ des Grundes

Senator consilio gaudet.
Der Senator freut sich über den Beschluss (wegen des Beschlusses).

Nach Verben wie **gaudere** gibt der Ablativ den Grund an (Ablativus causae). Wir fragen „worüber?“ oder „weshalb?“.

Unsere **Abfragetabelle** ist nun umfangreicher geworden:

Wer oder was ...?	Subjekt: Nominativ
Wen oder was ...?	Objekt: Akkusativ
Womit, wodurch ...? **Worüber, weshalb ...?**	Adverbiale: Ablativ des Mittels Adverbiale: Ablativ des Grundes
Wo ...?	Adverbiale: Präposition **in** *m. Abl.*
Wohin ...?	Adverbiale: Präposition **in** *m. Akk.*

Wortschatz
Wörter zum Wiederholen
neue Wörter und Wendungen:
dreispaltige Anlage:
- lateinisches Wort
- deutsche Bedeutung(en)
- Fremd- und Lehnwörter, etymolog. Verweise, englische Vokabeln

Lernhilfen zum Wortschatz
- Kontext
- Latein lebt
- Wortfamilien
- Wort- und Sachfelder
- Bilder, Veranschaulichung

Grammatik
einheitliche Gliederung:
F: Formenlehre
S: Satzlehre oder Semantik
T: Textgrammatik (selten)
dazu: • Grammadux-Elemente: Tipps und Übersichten
• Tabellen: übersichtlich und gleich aufgebaut
induktive Anlage der S-Teile:
Beispielsätze → Regel/Erläuterung
einfache Erklärungen, auch für eigenständiges Erarbeiten oder Wiederholen durch die Schüler

Die Hinweise zur Darbietung von Wortschatz und Grammatik für den Lehrer im Buch (Band 3, S. 98 f.) seien ausdrücklich zur Lektüre empfohlen.

6. Stoffverteilung und grammatische Progression

Umfang, Abfolge und Art der Darbietung sprachlicher Phänomene orientieren sich eng an den Lehrplanvorgaben und berücksichtigen die oben genannten Rahmenbedingungen.

Die den einzelnen Lektionen zugewiesenen Bausteine der lateinischen Grammatik sind in eine behutsame **Progression** gebracht. Wichtige und typische lateinische Spracherscheinungen treten im Lehrwerk möglichst früh auf.
Stoffe, die erfahrungsgemäß leicht verwechselt werden (z.B. Pronomina, aber auch Substantive der gleichen Paradigmengruppe wie arx, ars, pars oder mens, mons, mors), sind – um so genannte Ähnlichkeitshemmungen zu vermeiden – in ihrer Behandlung voneinander getrennt.

Die **Verteilung der Stoffe auf die einzelnen Lektionen** wurde auch in dem Bestreben vorgenommen, die Gefahr der Phänomenüberladung (quantitativ) zu vermeiden und nicht zu oft heterogene Teilgebiete nebeneinander zu behandeln. Häufig kann ein und dasselbe sprachliche Phänomen in einer Lektion aus morphologischer und syntaktischer (bzw. semantischer) Perspektive behandelt werden. Wo eine derartige Kombination der Stoffe nicht möglich war, wurden möglichst nicht mehr als zwei oder drei Stoffgebiete in einer Lektion zusammengefasst. In einigen Fällen gelang es auch, das Grammatikpensum einer Lektion auf ein Stoffgebiet zu beschränken.

Zur Behandlung der grammatischen Pensen des 3. Bandes erscheinen uns die folgenden Hinweise wichtig:

1. Die zentralen (und vergleichsweise schwierigen) Grammatikstoffe des Jahres sind (weitere) Konjunktivformen und -funktionen, der Ablativus absolutus, das Gerundium, die Komparation und die Deponentien; auf die genaue Behandlung, intensive Einübung und nachhaltige Wiederholung dieser Themen wird sicher viel Zeit zu verwenden sein.

2. In Band 3 finden sich mehrfach auch wieder Lektionen, die eine Zusammenfassung und Wiederholung wichtiger Phänomene ermöglichen, insbesondere zu den Partizipien; hier ist die Intensität der Behandlng von der konkreten unterrichtlichen Situation abhängig.

7. Die Behandlung der grammatischen Stoffe

Die folgenden Hinweise zur unterrichtspraktischen Arbeit mit *LmF* erfolgen mit der Einschränkung, dass die Durchnahme einzelner Stoffe immer an eine konkrete unterrichtliche Situation gebunden ist. Daher werden hier keine Stundenmodelle geboten; auch Rechenschaftsablagen, Lernzielkontrollen u.Ä. bleiben unberücksichtigt.
Es wird vielmehr die Behandlung des Grammatikstoffs einer Lektion in mehreren Phasen vorgestellt. Eine Erweiterung oder Verknüpfung der Modelle ist sicher möglich, andererseits eignet sich nicht jedes Modell für jede Lektion. Die erläuterten Modelle sollen auch belegen, dass mit dem Buch ganz verschiedene methodische Wege beschritten werden können und eine abwechslungsreiche Gestaltung des Unterrichtsablaufs möglich ist.

MODELL 1: Vorerschließung des Grammatikstoffes mit E und Ü

a) Erarbeitung des gesamten Grammatikstoffes anhand von E und Ü (gelb markierte Übung zur Vorentlastung); Grammatikteil
b) Behandlung von L (mit inhaltlicher Erschließung), ggf. mit Hilfe von Ü (blau markierte Übungen)
c) Vertiefung, ggf. Systematisierung des Grammatikstoffes anhand von L, weitere Einübung anhand von Ü (rot markierte Übungen)

Modell 1 ist beispielsweise zu empfehlen, wenn sich der Grammatikstoff anhand von E klarer strukturieren und systematischer darbieten lässt als anhand von L und / oder wenn die inhaltliche Erschließung von L nicht durch grammatische Erläuterungen unterbrochen werden soll.
Hinweis: Die E-Sätze, die gelb markierten Übungen (zur Vorentlastung) sowie die Beispielsätze des Grammatikteils enthalten wegen der intendierten Vorerschließung noch keinen neuen Wortschatz.

MODELL 2: Erarbeitung des Grammatikstoffes aus L

a) Vorerschließung von L (inhaltlich), ggf. anhand von Ü (blau markierte Übungen)
b) Erarbeitung von L; dabei Behandlung und Systematisierung des Grammatikstoffes; Grammatikteil
c) Vertiefung und Einübung des Grammatikstoffes anhand von Ü, ggf. E
d) Inhaltliche Erschließung und Vertiefung von L, ggf. mit Hilfe von Ü (blau markierte Übungen)

Modell 2 ist beispielsweise zu empfehlen, wenn L inhaltlich (einschließlich wichtiger Wörter und Wendungen) problemlos vorerschlossen und strukturiert werden kann und / oder wenn der Grammatikstoff in sinnvoller Abfolge oder wesentlichen Teilen bei der Behandlung von L zu erarbeiten ist.
Hinweis: Bei entsprechender Verteilung der Grammatikphänomene auf L sollte an eine geteilte Behandlung des Grammatikstoffes gedacht werden.

MODELL 3: Vorwegbehandlung des Grammatikstoffes

a) (lehrbuchunabhängige) Erarbeitung und Systematisierung des gesamten Grammatikstoffes; Grammatikteil
b) Einübung des Grammatikstoffes anhand von E, ggf. Ü (gelb und rot markierte Übungen)
c) Behandlung von L (mit inhaltlicher Erschließung), ggf. mit Hilfe von Ü (blau markierte Übungen)

Modell 3 ist beispielsweise zu empfehlen, wenn die Behandlung des Grammatikstoffes problemlos (oder besonders effizient) lehrbuchunabhängig durchgeführt werden kann und / oder wenn die Lektüre und inhaltliche Erschließung von L hohen Eigenwert beanspruchen.

MODELL 4: Lektionsübergreifende Behandlung von Grammatikstoffen

a) Erarbeitung des Grammatikstoffes mehrerer Lektionen anhand von E, ggf. Ü (gelb markierte Übungen); Grammatikteil
b) Behandlung (mit inhaltlicher Erschließung) mehrerer thematisch kohärenter L-Stücke
c) Wiederholung und Vertiefung der Grammatikstoffe (lektionsübergreifend) mit Hilfe von Ü (rot markierte Übungen)

Modell 4 ist beispielsweise zu empfehlen, wenn die thematische Kohärenz mehrerer L-Stücke und die zusammenhängende Lektüre und Erschließung umfangreicherer Textpartien betont werden sollen und die Grammatikstoffe mehrerer Lektionen anhand von E (und ggf. Ü) hinreichend vorerschlossen werden können.

8. Die Gestaltung der Wortschätze

Der Erarbeitung, Einübung und Wiederholung des Wortschatzes kommt wegen der Häufigkeit von Fehlern, die aus diesem Bereich in Prüfungsarbeiten festzustellen sind, besondere Bedeutung zu. Daher werden über die **Hinweise** zur Darbietung von **Wortschatz und Grammatik** für den Lehrer (Band 3, S. 98 f.) hinaus im Folgenden die Kriterien für die Darbietung des Wortschatzes erläutert und methodische Anregungen zur Wortschatzarbeit gegeben.

LmF verfügt über einen statistisch kontrollierten, überlegt ponderierten und verlässlich umgewälzten Grundbestand von **ca. 1600 lateinischen Lernvokabeln.**
Der Wortschatz basiert auf den statistischen Untersuchungen zum „Bamberger Wortschatz": Die ca. 1250 Wörter des Basisvokabulars (Wortkunde adeo-NORM) sind vollständig enthalten, weitere Vokabeln wurden aus dem so genannten Kulturwortschatz oder auf Grund ihres Vorkommens bei mehreren relevanten Autoren einbezogen. Auch die deutschen Bedeutungen, die im Projekt „Bamberger Wortschatz" corpusbezogen (also im Hinblick auf die Schullektüre) ermittelt wurden, sind mit der Wortkunde adeo-NORM abgestimmt.

Die deutliche **Reduzierung** der Gesamtmenge von Lernvokabeln im Vergleich zu älteren Lehrwerken lässt auch erwarten, dass die Behaltensquote erheblich gesteigert werden kann.
Die Rekurrenz des Wortschatzes in den jeweils folgenden L-Stücken wurde besonders beachtet; durch die Einbeziehung der Übungen ist gewährleistet, dass das gesamte Vokabular intensiv umgewälzt wird.

Den Wortschätzen sind **Wiederholungsvokabeln** vorgeschaltet, die für das Übersetzen des aktuellen L-Textes wichtig sind und so aufgefrischt werden. Auf diese Weise wird dem Schüler bewusst gemacht, dass es sinnvoll ist, Wörter nicht nur systematisch, sondern auch im Kontext einer Lektion zu wiederholen. Es empfiehlt sich, die im Buch vorgegebenen Wörter vor der Behandlung von L zu einem Teil der Hausaufgabe zu machen und die Schüler außerdem dazu anzuhalten, bei jeder Übersetzung individuell nicht gewusste „Wiederholungswörter" zu notieren und in gleicher Weise zu festigen.

Die Wörter und Wendungen sind im **Wortschatz** in der **Reihenfolge ihres Vorkommens** aufgelistet. In den Wortschatzlisten erscheinen auch diejenigen Vokabeln, die als „Träger" des jeweiligen Grammatikstoffes in den Ausführungen zur Grammatik wiederkehren (z.B. das Pronomen is, ea, id). Dies soll einerseits die Verteilung und Zuordnung von Wortschatz und grammatischen Phänomenen nachvollziehbar machen; andererseits vergrößert es auch die methodische Freiheit der Lehrkraft im unterrichtlichen Vorgehen.

Auch einige andere **Grammatikstoffe** sind – im Hinblick auf eine ökonomische und pragmatische Vermittlung – (zum Teil zusätzlich) im Wortschatz erfasst. Es handelt sich dabei um

- Verben mit vom Deutschen abweichender Kasusrektion (z.B. carēre) bzw. mit unterschiedlichen Kasusrektionen im Lateinischen (z.B. consulere),
- Kollokationen / Wendungen zu wichtigen Verbvalenzen (z.B. pretium quaerere ā oder nōn dubitāre, quīn),
- Wendungen zu einigen Kasusfunktionen (z.B. multōs annōs),
- andere Wendungen, deren Wiedergabe mit gelernten Bedeutungen nicht möglich ist (z.B. grātiās agere) oder von der geläufigen Struktur abweicht (z.B. mediā in viā).

Wo es erforderlich ist, steht in diesen Fällen ein erläuternder Zusatz als Hilfe für die Schüler bzw. als Hinweis für denjenigen Lehrer, der das Phänomen genauer ansprechen möchte; regelmäßig sind Kasusrektionen (z.B. carēre *m. Abl.*) und Kasusfragen (z.B. multōs annōs *wie lange?*) vermerkt.

Als **Lernhilfe** für die Schüler, aber auch als Anregung für den Lehrer ist die exemplarische Darbietung von schwer zu lernenden Vokabeln anhand von so genannten Markersätzen bzw. in Minimalkontexten zu verstehen; unter der Rubrik **„Kontext"** wird an Beispielen vorgeführt, wie Vokabeln mit stark voneinander abweichenden Bedeutungen und / oder schwierigen Kasusrektionen verfügbar gemacht werden können.
Der Hilfestellung beim Lernen, aber auch der Motivation dienen die Rubrik **„Latein lebt"**, die **Wortfamilien, Sachfelder** und **Bilder**, die im Zusammenhang mit dem Wortschatz exemplarisch geboten werden (unter dem Wortschatz oder der Grammatik der jeweiligen Lektion).

9. Die Wortschatzarbeit

Das **Leitprinzip** jeder Wortschatzarbeit kann nicht stark genug betont werden:
Die Behandlung des Wortschatzes hat *im* Unterricht ihren Ausgangspunkt, *im* Unterricht werden die Vokabeln eingeführt und in ihrem Gebrauch und ihren Bedeutungen erläutert; das Verlagern der Wortschatzarbeit ausschließlich auf die Hausaufgabe ist abzulehnen. Die Wortschatzarbeit sollte die folgenden vier Aspekte stets im Auge haben:

- Syntaktische Eigenschaften der Vokabeln
- Wortbildung, Laut- und Formenlehre
- Bedeutungsdifferenzierung (im Kontext)
- Fortwirken in modernen Sprachen, Fachsprachen und verschiedenen kulturellen Bereichen

Häufig ist es freilich so, dass diese vier Aspekte in der Unterrichtspraxis nicht isoliert eingebracht werden, sondern bei verschiedenen Übungen, Arbeitsaufträgen und Arbeitsformen in unterschiedlicher Kombination zur Geltung kommen.

Auf der methodischen Ebene sollten die folgenden **Prinzipien** beachtet werden:

1. Das Erfassen der Wortbedeutungen aus dem Kontext
Dieses Verfahren ist insbesondere zur Einführung neuer Vokabeln geeignet.
Unter Kontext ist sowohl der Textzusammenhang des L-Stückes wie auch der Minimalkontext zu verstehen, der vom Lehrer geboten wird oder exemplarisch in der Rubrik „Kontext" gegeben ist. Es ist auch daran zu denken, die Schüler selbst solche Kontexte bilden zu lassen – vor allem wenn sie im Umgang mit dem Wortschatz schon geübter sind.

2. Das Erschließen unterschiedlicher Bedeutungen und syntaktischer Eigenschaften von Wörtern (mit Hilfe des Kontextes)
Schon bei der Erstbegegnung mit Vokabeln sollte vom Kontext ausgegangen werden, auch Lernerfolgskontrollen sollten entsprechend gestaltet sein. So können auch Teilbereiche der traditionellen Kasussyntax mit abgedeckt werden (vgl. etwa die Kasusrektionen zu spoliāre, querī, carēre).

3. Das Beachten von etymologischen Bezügen sowie von Regeln zu Wortbildung und Lautlehre
Bei Vokabeln, zu denen etymologisch verwandte Wörter bereits gelernt wurden, erfolgt ein Hinweis in der rechten Spalte des Wortschatzes als Merkhilfe (z.B. dūcere bei addūcere).
Grundsätzlich sollten nur solche Regeln zu Wortbildung und Lautlehre angesprochen werden, deren Kenntnis den Schülern eine echte Lernhilfe bietet, also zur Lautlehre etwa der Ablaut (bonus – bene) oder die Assimilation (ad-currō > accurrō), im Bereich der Wortbildung die im entsprechenden Haltepunkt (Band 1, S. 190 f.) angeführten Prä- und Suffixe; auch die Gestaltung der „Fußnoten" im Lateinbuch ist darauf abgestimmt. Bei der Darbietung des Wortschatzes sollte auch die Rubrik „Wortfamilien" genutzt werden.

4. Das Einbeziehen des Kulturwortschatzes (Lehn- und Fremdwörter, Fachausdrücke) sowie von geeigneten Vokabeln aus modernen Fremdsprachen
Die rechte Spalte des Wortschatzes und die Rubrik „Latein lebt" können den enormen Wirkungsgrad der lateinischen Sprache auf die gesamte abendländische Kultur verdeutlichen. Für die Unterrichtspraxis ist zu bedenken, dass den Schülern manche uns geläufig erscheinende Fremdwörter und Fachausdrücke unbekannt sind, dass manche englische Vokabel vielleicht noch nicht geläufig ist. Bei Übungen sollten Fremdwörter und Fachausdrücke immer wieder in sinnvolle deutsche Sätze eingebettet werden.

5. Das Bilden von Wort- und Sachfeldern
Durch das Zusammenstellen von Vokabeln zu semantischen Feldern wird die Fähigkeit zur semantischen Erschließung von Wortbedeutungen und damit auch von Texten gefördert. Aufgaben dazu sind auch verknüpfbar mit Übungen zur Wortbildung, etwa beim Zusammenstellen von Gegensatzpaaren oder Synonymen. Die mit Bildunterstützung gebotenen Sachfelder des Grammatikteils sollen Anregungen geben, die Schüler auch selbst zur Veranschaulichung zeichnen zu lassen.

6. Die Betonung des „Dreiklangs" Sehen, Sprechen, Schreiben
Die uralte pädagogische Erkenntnis, dass das Zusammenwirken dieser drei Komponenten beim Lernen besonders effizient ist, sollte nicht eingeschränkt werden auf das betrachtende Einprägen, das altbewährte Vorsprechen von Wörtern durch den Lehrer mit folgendem Chorsprechen der Schüler und das Abschreiben in ein Vokabelheft.
Unter „Sehen" sollte auch die Visualisierung von Vokabeln auf Tafel oder Folie (auch durch die Schüler), im Buch oder durch konkrete Gegenstände verstanden werden, unter „Sprechen" auch das Sprechen im Kontext, in kleinen dialogischen Szenen. Und mit „Schreiben" ist schließlich auch die Vokabelkartei oder die Verwendung entsprechender EDV-Programme gemeint.

7. Die regelmäßige Wiederholung des Wortschatzes
Für die lektionsbezogene Wiederholung sollten die Wiederholungsvokabeln, die vor den Wortschätzen stehen, herangezogen werden; es erscheint sinnvoll, diese regelmäßig vor der Behandlung einer Lektion aufzugeben.
In regelmäßigen Abständen sollte der Wortschatz auch lektionsweise wiederholt werden. Dabei gilt die erste Wiederholung nach der Einführung und dem ersten Erlernen als wichtigster Schritt für dauerhaftes Behalten; die erste

Wiederholung eines Lektionswortschatzes sollte daher noch innerhalb der drei oder vier Stunden, die für die Behandlung einer Lektion zu veranschlagen sind, stattfinden. Weitere Wiederholungen folgen in regelmäßigen Abständen, die sich zunehmend vergrößern.
Bei der Wiederholung sollte wie bei der Darbietung und Einübung methodisch variiert werden; begleitende Arbeitsaufträge könnten den Blick auf besondere Schwierigkeiten lenken.
(Beispiel: Stelle die Verben zusammen, die im Lateinischen und Deutschen den gleichen Objektskasus haben, die im Lateinischen einen anderen Objektskasus haben als im Deutschen, die einen AcI bei sich haben, die einen Präpositionalausdruck bei sich haben.)

Je nach Grammatikstoff und Inhalt von L stehen folgende **Modelle für die Neueinführung** von Vokabeln zur Wahl; natürlich sind auch Mischformen möglich:

MODELL 1:

a) Neueinführung des Wortschatzes anhand von L, ggf. (bei umfangreicheren Wortschätzen) geteilt in zwei Blöcke
b) Einübung und Vertiefung des Wortschatzes anhand von Ü (rot markierte Übungen), D, Kontexten, Wortfamilien, Wort- und Sachfeldern, Vokabelverzeichnis (3. Spalte), Latein lebt

In diesem Fall empfiehlt sich eine Vorwegbehandlung des Grammatikstoffes, um dem Schüler während der Erarbeitung von L nicht zwei unbekannte Stoffbereiche zuzumuten.

MODELL 2:

a) Neueinführung des Wortschatzes anhand von Kontexten, Vokabelverzeichnis, Wortfamilien, Wort- und Sachfeldern o. Ä.; je nach Anzahl der Vokabeln können sie in einer Unterrichtseinheit behandelt oder in zwei Blöcke geteilt werden.
b) Einübung und Vertiefung des Wortschatzes anhand von L, Ü (rot markierte Übungen), D, Latein lebt

Modell 2 empfiehlt sich unter anderem dann, wenn der Grammatikstoff anhand von L erarbeitet werden soll.

II. Lektionenteil

1. Sequenz: Römische Kaiser (L 64–68)

„Latein mit Felix 2" hat in der letzten Sequenz (*Von Cäsar und Augustus*) die Epoche des Umbruchs von der Republik zum Prinzipat beleuchtet. Folgerichtig knüpft „Latein mit Felix 3" mit einer Anfangssequenz über die ersten römischen Kaiser daran an. In den Blick geraten dabei der chronologischen Folge nach Augustus (64) und seine Frau Livia (65), Tiberius (66), Caligula (W1 Üben mit Felix), Claudius (67) und Nero (68).
Hierbei werden die einzelnen Figuren aus unterschiedlichen narrativen Perspektiven dargestellt, z.T. im Dialog: Zwei Römer unterhalten sich bei einem Gang durch Rom über die Bauleistungen des Augustus, Kaiserin Livia erklärt einem Besucher Besonderheiten ihrer Villa. Monolog: Tiberius reflektiert über sein Leben. Spottrede: Claudius erscheint aus der Perspektive von Senecas Satire. Das Nerokapitel schließlich beleuchtet die Kaiserfigur in Form einer spannenden Reportage über die Nacht des Brandes von Rom 64 n.Chr. In dieser Sequenz geraten kulturell und historisch bedeutsame Themen in den Blick: Das Bauprogramm des Augustus und seine propagandistische Absicht am Beispiel der Gestaltung des Marsfeldes, der kaiserliche Privatraum am Beispiel der Liviavilla, Ränkespiel um die Thronnachfolge am Beispiel des Tiberius, die unrühmliche Rolle der Aristokratie am Beispiel des Caligulakapitels, Kritik am Kaisertum am Beispiel von Senecas Satire, kaiserlicher Größenwahn am Beispiel von Nero. Es wurde bei jedem Kapitel darauf geachtet, ein weitestgehend objektives, modernen historischen Erkenntnissen verpflichtetes Charakterporträt des jeweiligen Kaisers zu zeichnen, um keine unreflektierten Klischees über das römische Kaisertum zu transportieren.

64 Die größte Sonnenuhr aller Zeiten

S Partizipialkonstruktionen (Wiederholung)

L geht von der Fiktion aus, dass der von Rom lange abwesende Quintus von seinem Freund Nonius durch das augusteische Rom geführt wird. Historischer Hintergrund ist das stadtrömische Bauprogramm des Princeps. Bekannt ist seine stolze Äußerung, er habe aus einer Stadt von Backsteinen eine aus Marmor geschaffen (Sueton, *Aug.* 28). L thematisiert die Baugestaltung des Marsfeldes mit der Ara Pacis, dem Mausoleum und dem Horologium Augusti, wie sie aus der Skizze auf S. 14 hervorgeht. Wie die bescheidene domus Augusti auf dem Palatin erst durch ihre prominente Stellung neben dem Apollotempel ihre Bedeutung erhält, so beziehen die genannten Einzeldenkmäler auf dem Marsfeld ihr Gewicht aus dem symbolischen Zusammenspiel, wie es in I und L beschrieben wird. Dass die Denkmäler der Pax Augusta ausgerechnet auf dem Campus Martius aufgestellt sind, ist ideologische Absicht: Der Friede basiert auf militärischem Erfolg. Vgl. Augustus, *res gestae* 13: parta victoriis pax.

Weiterführende Literatur zum Thema

- E. Bucher, *Die Sonnenuhr des Augustus*, Mainz 1982.
- K. Galinsky, *Augustan Culture*, Princeton 1996.
- P. Zanker, *Augustus und die Macht der Bilder*, München 1997.
- K. Bringmann / T. Schäfer, *Augustus und die Begründung des römischen Kaisertums*, Berlin 2002.

Grammatikalisch bietet das erste Lesestück wie in „Latein mit Felix 2" bewusst keinen neuen Stoff, sodass ein sofortiger Einstieg ins Übersetzen nach den Ferien möglich ist. Besonderer Wert gelegt wird auf die Vertiefung und Wiederholung des schwierigen und immer wieder gebrauchten Participium coniunctum (Z. 2, 5 f., 8, 20, 30). Um das substantivierte Adjektiv (Z. 31 multa nova) einzuüben, empfiehlt es sich, **e** vor L zu behandeln. Diese Übung kann aber auch zur Verankerung des Phänomens unmittelbar an die Lektüre von L angeschlossen werden.

Abbildungen S. 14

Die Rückseite eines Denars aus dem Jahre 28 v. Chr. zeigt als Symbol des von Octavian besiegten Ägypten ein Nilkrokodil. Die Aufschrift Aegupto capta mit dem latinisierenden „u" deutet auf die Eingliederung Ägyptens in das römische Reich hin.
Die Skizze zeigt die Bebauung des Marsfeldes in augusteischer Zeit. Links ist das tumulusartige Mausoleum Augusti zu sehen, das in Konkurrenz zum zeitgleich in Alexandria von Antonius und Kleopatra gebauten Grabmal entstand, in der Mitte der Obelisk als schattenwerfender Zeiger im Zentrum der Sonnenuhr und rechts die Ara Pacis.

Abbildung S. 15

Der ursprünglich aus dem ägyptischen Heliopolis stammende Solarium-Obelisk steht seit 1792 an der Piazza Montecitorio. Auf der Basis steht:
CAESAR DIVI F AUGUSTUS [...] AEGUPTO IN POTESTATEM POPULI ROMANI REDACTA SOLI DONUM DEDIT.
„Nachdem Augustus, Sohn des vergöttlichten Caesar, Ägypten dem Herrschaftsbereich des römischen Volkes einverleibt hatte, machte er diesen Obelisken der Sonne zum Geschenk."

Ü a dient der vertiefenden Auseinandersetzung mit dem Text.

b und c ermöglichen die gezielte und separate Wiederholung des Partizip Präsens Aktiv bzw. des Partizip Perfekt Passiv, des Participium coniunctum und der geschlossenen Wortstellung.

d ruft den Schülern die Variationsbreite der Übersetzungsmöglichkeiten des Participium coniunctum ins Gedächtnis. Inhaltlich beziehen sich die Sätze auf das kluge Verhalten des Augustus bei öffentlichen Bauten, bei denen er darauf achtete, möglichst keine Grundstücksbesitzer zu enteignen. Diese Rücksicht lässt sich z.B. an der hinteren Wand des Augustusforums erkennen, die einen leichten Knick aufweist, da der Princeps die Grundstücksgrenzen eines Anwohners unangetastet ließ. Dasselbe volksnahe Verhalten liegt dem in den Sätzen 3 und 4 behandelten Phänomen der publicatio artis zugrunde: Agrippa und Augustus beanspruchten bedeutsame Kunstwerke nicht für ihre Privatvillen, sondern stellten sie für jedermann zugänglich auf. So konnten sie sich in der Rolle des euergetes, des Wohltäters, präsentieren. Nero missachtete später beim Bau seiner gigantischen domus aurea dies wohlberechnet zurückhaltende Gebaren des Augustus: Er enteignete in großem Stil Haus- und Grundstücksbesitzer in Rom und schuf sich dadurch viele Feinde. Sein Nachfolger Vespasian griff auf die augusteische modestia zurück, indem er dem römischen Volk das Areal des goldenen Palastes durch den Bau des Amphitheatrum Flavianum wieder zurückgab.

e Eine gute deutsche Übersetzung des substantivierten Adjektivs im Neutrum Plural kann in zwei Schritten vor sich gehen: Zunächst wird man die Hilfsergänzung „Dinge" gebrauchen (z.B. secunda ‚günstige Dinge'), bevor eine elegantere Übersetzung versucht wird (etwa ‚Glück'). Die Schüler sollten hier für eine möglichst treffende Übertragung ins Deutsche sensibilisiert werden.

Sentenz S. 15

Bei der Sentenz beati (sunt) possidentes handelt es sich um die lateinische Übersetzung eines Verses aus dem nur fragmentarisch erhaltenen Stück *Danae* des Euripides. Der Ausdruck gilt als Rechtsgrundsatz, der laut Büchmann „zum Ausdruck bringen will, dass der Besitz als solcher rechtlich geschützt wird und derjenige, der eine Sache zunächst einmal im Besitz hat, selbst vor dem sie nicht besitzenden Eigentümer im Vorteil ist."

65 In der Landvilla der Kaiserin Livia

F Verben: Konjunktiv Präsens

S Konjunktiv in Gliedsätzen

E schließt inhaltlich an die Bauthematik des vorangegangenen Kapitels an. Kaiser Augustus spornt Bauarbeiter zu Höchstleistungen an. Dabei handelt es sich bei E 1 und 2 um Finalsätze mit ut, wobei Verben der a- und e-Konjugation abwechseln. Zur Einübung des Konjunktiv Präsens kann b angeschlossen werden, zur Vertiefung der ut-Sätze c.
E 3 zeigt den Sonderfall des verneinten Finalsatzes mit ne, der anhand von d weiter eingeübt werden kann.
E 4 erweitert mit dem konjunktivisch gebrauchten cum das Spektrum der Gliedsätze um die neue kausale Variante. Hier könnte e zur Vertiefung angeschlossen werden.

L In einer dialogisch gestalteten Szene zeigt Kaiserin Livia nach dem Tode des Augustus einem befreundeten Kunstliebhaber das Interieur ihrer Villa von Prima Porta. Die beigegebenen Abbildungen der von Livia erläuterten Kunstwerke (Gartenfries und Panzer der Statue von Prima Porta) dienen der Illustration und sollten auch zu den entsprechenden Textstellen in Bezug gesetzt werden. So kann im Zusammenklang von Begriff und Anschauung dem Schüler der Wert einer detailgenauen descriptio und einer ebensolchen Übersetzung verdeutlicht werden.
Im Jahre 1863 wurde die Villa der Livia, der Frau des Augustus, bei Prima Porta vor den Toren Roms entdeckt. In ihr fand sich nicht nur ein herrlich bemalter unterirdischer Saal, der als Speiseraum im Sommer diente, sondern auch die berühmte Panzerstatue des Augustus. Sie dürfte auf der Gartenterrasse mit Blick zum Tibertal gestanden haben. Nach einer Anekdote soll

vor der Heirat des Augustus mit Livia ein Adler an der Stelle der späteren Villa ein weißes Huhn mit einem Lorbeerblatt im Schnabel fallen gelassen haben. Daher trage das Landhaus seinen Namen „Bei den weißen Hennen" (ad gallinas albas). Diese Anekdote der Namensgebung der Villa findet sich bei Plinius dem Älteren, *nat. hist.* 15, 136.

Weiterführende Literatur zum Thema

- L. Ollendorf, *RE XIII*, 1926, 900-927 (zu Livia allgemein)
- J. Bleicken, *Augustus. Eine Biographie*, Berlin 1998, S. 653–657.
- H. Mielsch, *Römische Wandmalerei*, Darmstadt 2001, S. 193 f. (zum unterirdischen Gartensaal der Villa von Prima Porta)
- K. Bringmann / T. Schäfer, *Augustus und die Begründung des römischen Kaisertums*, Berlin 2002, S. 243–248 (zur Prima Porta-Statue)

Abbildungen S. 16

Auf dem ursprünglich bunten Brustpanzer der Augustusstatue von Prima Porta (zu einer Ganzansicht der Statue vgl. „Latein mit Felix 2", S. 97) ist in der zentralen Szene die Rückgabe der Feldzeichen dargestellt, die Crassus in der Schlacht von Carrhae 53 v.Chr. verloren und die Augustus auf diplomatischem Wege 20 v.Chr. wiedererlangt hatte. Bei der linken Figur, die oft mit Augustus (in L der Einfachheit halber!) bzw. Tiberius identifiziert worden ist, dürfte es sich um Mars als Stammvater des römischen Volkes handeln, der von einem Parther die signa entgegennimmt. Neben beiden Gestalten erkennt man unterhalb Apoll auf dem Greif und seine Schwester Artemis mit der Hirschkuh, etwas darüber zwei sitzende Frauengestalten, die wahrscheinlich das unterworfene Gallien bzw. Germanien und Dalmatien darstellen. Darüber ist die Personifikation des Himmels zu sehen, unter ihm der Sonnenwagen, dem Aurora mit der Fackel auf den Schultern der geflügelten Personifikation des Morgentaus vorauseilt. Auf den Schulterklappen sind als Symbol für den Sieg über Ägypten zwei Sphingen abgebildet. Unterhalb der zentralen Szene befindet sich die ährengekrönte Tellus mit ihrem Füllhorn. Zur Farbgebung vgl. P. Liverani, Der Augustus von Prima Porta, in: *Bunte Götter*, München 2003, S. 187 ff.

Zur berühmten Bemalung des Gartensaals im Haus der Livia bei Prima Porta vgl. H. Mielsch, *Römische Wandmalerei*, Darmstadt 2001, S. 193:
„Im Vordergrund verlaufen parallel zwei Zäune, deren hinterer sich regelmäßig ausbuchtet. Darin stehen dann hervorgehobene Bäume, dazwischen nur kleinere Sträucher. [...] Durch den Vordergrund und die hervorgehobenen einzelnen Bäume und Sträucher erhält diese Gartendarstellung eine enorme Tiefe. Vögel, teils frei fliegend, teils in Käfigen, beleben den Garten. Die vielen Fruchtbäume gehören zum antiken Bild eines idealen Parks, der seit Homers Phäaken ganzjährig blühen und Früchte tragen muss. [...] Die Malweise wie die Raumauffassung machen eine frühaugusteische Deutung fast sicher."

Abbildung S. 17

Dieser Typus stellt Livia als Iulia Augusta vor, gehört also in die Zeit nach dem Tod des Augustus. Er hatte ihr den Ehrentitel der Augusta nach seinem Ableben zugestanden. Die Bänder im Haar kennzeichnen sie als Priesterin.

Ü

b ist als Vorübung dazu geeignet, die Bildungsweise des Konjunktiv Präsens in allen Konjugationsklassen und bei den Hilfsverben esse, posse und velle einzuüben.

c und **f** Diese Transformationsübungen schulen das Auge des Schülers für die Eigenheiten des konjunktivischen Gliedsatzes.

d schärft das Bewusstsein der Schüler für die deutsche Bedeutung der Konstruktionen timere / metuere, ne ... und cavere, ne ...

Senzenzen S. 17

Die Sentenz do, ut des stammt ursprünglich aus dem römischen Recht (*Dig. XIX*, Tit. 5,5, dort noch do, ut facias) und meint meist die Verpflichtung zu wechselseitigem Geben und Nehmen. Auf politische Verhandlungen bezogen, meint dieser Satz eine Politik gegenseitiger Konzessionen.

Die Sentenz Nos omnes servi legum sumus, ut liberi esse possimus stammt von Cicero. Sie erfasst das immergültige Paradoxon von Freiheit in der Demokratie: Freiheit wird durch Unterordnung unter Gesetze erkauft.

66 Tiberius blickt zurück

F Verben: Konjunktiv Perfekt

S 1 Konjunktiv in Gliedsätzen
2 Konjunktiv in indirekten Fragesatz

E knüpft inhaltlich an das vorangegangene L-Stück mit der Villa von Prima Porta und ihren Kunstwerken an. E 1-3 führen den Konjunktiv Perfekt im indirekten Fragesatz vor, wobei E 3 auch ein Beispiel im Passiv aufweist. Zur unmittelbaren Einübung empfiehlt sich **c**.

L thematisiert das Leben des Kaisers Tiberius aus der Ich-Perspektive. Tiberius hat in der Forschung traditionell einen schlechten Leumund, der vor allem auf die negative Schilderung durch Tacitus zurückzuführen ist, dem man mehr Glauben schenkt als Velleius Paterculus, der ein sympathischeres Porträt des Kaisers zeichnete. Vor dem Hintergrund der aus dynastischen Gründen aufgedrängten Ehe mit Julia, der ständigen Zurücksetzung bei der Thronnachfolge durch Augustus und des selbst verschuldeten Missgriffs bei der Auswahl des machtbesessenen Prätorianerpräfekten Sejan sucht L ein differenziertes Charakterporträt des Tiberius zu zeichnen.

Neben I könnte als kapitelübergreifender Einstieg in L (bzw. zur Vertiefung nach L) auch der knappe Auszug über das Verhältnis der Livia zu ihrem Sohn Tiberius herangezogen werden, der sich bei R. Raffalt, *Große Kaiser Roms,* München 1986, S. 97 findet:

„Ein weiteres Problem entstand dem Kaiser durch den Herrschaftsanspruch seiner Mutter Livia. In endloser Wiederholung hielt sie dem kaiserlichen Sohne vor Augen, dass er nur ihr die Macht verdanke und sie folglich nur als ihr Vertreter ausüben könne. Tiberius scheute in den ersten Regierungsjahren die Auseinandersetzung mit Livia und beging den Fehler, sie bei amtlichen Dokumenten mit unterzeichnen zu lassen. Livia leitete daraus das Recht ab, als Selbstherrscherin aufzutreten, gängelte den Sohn und intrigierte je nach seiner Fügsamkeit für oder gegen ihn. Tiberius überließ ihr den Palast, den sie zusammen mit Augustus bewohnt hatte und sah jahrelang zu, wie dort eine Zweitregierung des Reiches ausgeübt wurde. Schließlich begann der Zustand unerträglich zu werden und Tiberius entschloss sich zur Klärung der Situation. Er suchte seine Mutter auf, ertrug ihre Heftigkeit und hegte schon die Hoffnung, sie werde sich beruhigen - da zog Livia ein Bündel Briefe hervor, von deren Existenz Tiberius nichts geahnt hatte. Der Verfasser war Augustus, der Inhalt bezog sich auf Tiberius, über dessen ‚herben, unverträglichen Charakter' bittere Worte zu lesen standen. Tiberius war außer sich vor Zorn. Dass seine Mutter imstande war, derart schmähliche Zeugnisse so lange Zeit aufzubewahren, um sie im geeigneten Moment gegen den Sohn zu gebrauchen, konnte er ihr nicht verzeihen. Von da an bis zu ihrem Tod sah er sie nur noch einmal wieder."

Bezeichnend für das problematische Verhältnis zwischen Mutter und Sohn ist auch die Tatsache, dass Tiberius nicht an den Beisetzungsfeierlichkeiten der Livia in Rom teilnahm. Zu einer Neubewertung der Tiberius-Figur vgl. Zvi Yavetz, *Tiberius. Der traurige Kaiser.* Biographie, München 1999.

Abbildung S. 18

Bei der Gemma Augustea handelt es sich um einen 19x23 cm großen Kameo. Auf der oberen Hälfte ist Augustus in Jupitermanier auf dem Thron dargestellt, neben ihm Roma, die die Züge Livias trägt. Oikumene, die Personifikation des Erdkreises, umkränzt sein Haupt mit der corona civica, daneben steht Neptun, und an den Thron geschmiegt sitzt Italia mit dem Füllhorn (bzw. Agrippina, die Frau des Germanicus, der neben Roma-Livia steht). Auf der linken Seite sieht man, wie Tiberius aus dem von Victoria geführten Triumphwagen steigt.

Die historische Situation ist die, dass Tiberius von dem erfolgreichen Feldzug gegen die Illyrer und Pannonier (6-9 n.Chr.) gerade zurückkehrt, auf seinen Triumph aber verzichtet und wegen der soeben eingetroffenen Nachricht von der Niederlage im Teutoburger Wald 9 n.Chr. nach Germanien eilt. In der unteren Bildhälfte sieht man pannonische und illyrische Kriegsgefangene und auch, wie makedonische Auxiliartruppen der Römer ein Tropaion errichten.

Abbildung S. 19

Die neuere Forschung unterscheidet fünf bis sechs Bildnistypen von Tiberiusporträts, davon allein vier bis fünf, die noch vor seinem Regierungsantritt 14 n.Chr. entstanden sein müssen und so das Auf und Ab der Stellung des Tiberius in augusteischer Zeit bezeugen. Dieses Porträt aus der ägyptischen Oase Fayum, dem antiken Arsinoe-Krokodilopolis, zeigt einen Tiberius, als er noch nicht Kaiser war. Wahrscheinlich ist eine Entstehung anlässlich der Hochzeit mit der Augustustochter Julia um 11 v.Chr., wie die auffallend jugendlichen Gesichtszüge nahe legen. Dies Bildnis ist in starker Anlehnung an die idealisierende Formensprache der zeitgleichen Augustus-Porträts entstanden. Dahinter steht die politische Aussage der Kontinuität römischer Wohlfahrts- und Friedenspolitik in Ägypten.

Ü **a** soll den Schüler zu einem vertieften Textverständnis anhalten. Vor allem drei Aspekte sind zu nennen:

die von Augustus verfügte Scheidung, Tiberius' Zurücksetzung bei der Frage nach dem Thronfolger und die menschliche Enttäuschung über Sejans Illoyalität.

b Die Schüler dürften dabei die Diskrepanz zwischen Reflexen traditionell tiberiusfeindlicher Geschichtsschreibung und der psychologisierenden Herangehensweise des Historikers Zvi Yavetz feststellen, auf dessen Erkenntnissen L fußt.

c Diese Transformationsübung übt die Eigenart des indirekten Fragesatzes im Perfekt Konjunktiv aktiv ein.

d soll das muttersprachliche Übersetzungsvermögen der Schüler fördern, indem wie in L, Z. 7 jeweils eine kontextadäquate Übertragung von afficere mit einem Ablativ verlangt wird. Die Konstruktion dignus erat, ut ist bei Menge, § 438,9 belegt.

e erhellt den unmittelbaren Nutzwert lateinischer Wortschatzkenntnisse für das Verständnis von Texten, die ein hohes Maß von Fremdwörtern aufweisen.

67 Verspottung statt Vergottung

F 1 Demonstrativpronomen iste
2 Interrogativpronomen

S 1 Wort- / Satz- und Wahlfragen
2 Demonstrativpronomen iste: Verwendung

E knüpft mit einem Gespräch römischer Bürger über die vermutete Abwesenheit des Tiberius von Rom an die Thematik des vorangegangenen Kapitels an. Der Reihenfolge der Grammatik entsprechend thematisiert E 2 am Beispiel der Interrogativa ubi und qui die Wortfrage, E 3-5 die Satzfrage an den Interrogativpartikeln -ne, num und nonne, E 6 die Wahlfrage. Dabei sollten die Schüler aus den suggestiven Fragestellungen in E 3-5 die jeweils erwartete Antwort herausfinden und der entsprechenden Interrogativpartikel regelhaft zuordnen können. Aus E 3 sollte der pejorative Charakter des Demonstrativpronomens iste erschlossen werden.
Das Phänomen der Satzfrage (E 3-5) kann anhand von **d**, die Wahlfrage E 6 anhand von **b** weiter eingeübt werden.

L ist ein adaptierter Auszug aus Senecas Schmähschrift *Apokolokyntosis*, in dem Tod und Himmelfahrt des Kaiser Claudius thematisiert werden. In einem ersten Teil werden dessen Gebrechen verspottet, wie sie teilweise auch bei Sueton (*Claudius* 30) bezeugt sind: Zittern des Kopfes, Hinken und Stottern. Dass weder der allwissende Göttervater noch der zu Rate gezogene weit gereiste und mit Ungeheuern aller Art vertraute Herkules die seltsame Gestalt des Kaisers zu identifizieren in der Lage sind, treibt die Boshaftigkeit des Textes auf die Spitze. Vollends vernichtend ist im zweiten Teil die Kritik des Augustus an der Amtsführung des Claudius, die die Errungenschaften der Pax Augusta in Frage stellt. Diese Rede gibt im fiktiven Rahmen der Satire letztlich den Ausschlag dafür, dass Claudius das Schicksal der „Verkürbissung" statt der erhofften Vergöttlichung ereilt, sodass er mit einer untergeordneten Position in der Unterwelt vorlieb nehmen muss. Vgl. zu diesem Kaiser W. Kierdorf, Claudius, in: *Die römischen Kaiser*, München 1997, S. 67-76.
Nach der Lektüre von L könnte der Lehrer alle iste-Formen sammeln lassen. Dabei stellt sich heraus, dass sie von allen Sprechern (der Parze, Herkules und Augustus) in negativer Weise auf Claudius bezogen werden. So wird der pejorative Charakter dieses Demonstrativpronomens am Modellfall vertieft.

Abbildung S. 20

Zur Kolossalstatue des Claudius aus dem Jahre 43/42 v. Chr. vgl. J. Boardman, *Geschichte der antiken Kunst*, Stuttgart 1997, S. 256:
„Die Statue war [...] zweifellos und im positiven Sinn propagandistischer Natur. Jeder gebildete Römer wäre bereit und in der Lage gewesen, in dem massiven, muskulösen Körper mit dem Adler zu seinen Füßen und dem (restaurierten) Szepter in der Linken ein Bild Jupiters zu sehen und daraus zu schließen, dass er mit Claudius, wie mit dem obersten Herrn des Olymp, eine mächtige, weltbeherrschende Gestalt vor sich hatte. Der Kopf der Statue vermittelte dagegen den Eindruck, dass es sich bei Claudius um einen durchaus irdischen und zur Ausführung von Staatsgeschäften und -zeremonien geeigneten Ersten Bürger des Staates handelte [...]. Das Gesicht [...] erinnert an Augustus' Porträt und unterstreicht damit Claudius' Position in der julisch-claudischen Dynastie. Doch gibt es einen bedeutenden Unterschied: Anstatt das glatte, ewig junge Aussehen des Augustus zu präsentieren, war es dem Bildhauer hier gestattet, die Falten und Tränensäcke eines älteren Mannes wiederzugeben. Diese Abweichung vom augusteischen Klassizismus [...] sollte der römischen Öffentlichkeit nach den Exzessen Caligulas vermutlich versichern, dass Clau-

dius sich für die Wiederbelebung der traditionellen römischen Werte einsetzen würde."

Ü

a 1 hält die Schüler zu genauem Lesen und einem vertieften Textverständnis an.

a 2 wiederholt zum einen die verschiedenen Fragepronomina und übt das Phänomen der Wortfrage ein, zum anderen fordern die Fragen den Schüler zur Rekapitulation wesentlicher Inhalte aller bisher gelesenen Lesestücke von „Latein mit Felix 3" auf.

b Diese Einsetzübung vertieft das Phänomen der Wahlfrage.

c sollte nach der Lektüre von L schriftlich angefertigt werden und dient der Ergebnissicherung des neuen Grammatikstoffes.

d soll das Bewusstsein der Schüler für die Bedeutungsnuancen der Interrrogativpartikel bei den Satzfragen schärfen.

e ist ein Übersetzungstext, der sich z.B. als schriftliche Hausaufgabe gut eignet. Inhaltlich bildet er ein Gegengewicht zu L, indem hier Verständnis für das Verhalten des Claudius geweckt wird und auch seine Leistungen hervorgehoben werden.

Sentenz S. 21

Die in Form einer Wahlfrage gestellte Sentenz stammt von Horaz, *serm.* 2, 6, 74 und lautet im Original Homines divitiis an virtute sunt beati?

68 Nero und der Brand Roms

F Adverb

S 1 Adverb als Adverbiale
2 Prohibitiv

E

E 1 geht vom bereits bekannten prädikativischen Gebrauch des Adjektivs aus. Vor diesem Hintergrund dürfte die Erläuterung der Funktion des Adverbs nicht mehr schwerfallen.
E 2 führt die Adverbbildung mit der Endung -e vor. Hier kann man innehalten und den bis hierher gelernten Stoff bereits an der ersten Hälfte von L (Z. 1-14) einüben lassen, sofern man den Prohibitiv (E 5) mit durchgenommen hat.
E 3 zeigt die Adverbbildung mit der Endung -iter. Am Unterschied zwischen der (hier prädikativisch verwendeten) Adjektiv- und der Adverbform lässt sich die Bildungsweise des Adverbs von der Genitivendung her leicht aufzeigen.
E 4 führt die Adverbbildung mit der Endung -ter vor. Am Schluss sollten die Regeln für die Adverbbildung entweder aus E 2-4 von den Schülern selbst abgeleitet oder anhand der Grammatik verdeutlicht werden. Zu einer weiteren Einübung der Bildungsarten des Adverbs könnte b herangezogen werden.
Anhand von E 5 kann der Schüler den Prohibitiv aus der bekannten imperativischen Verneinung noli selbst erschließen; sinnvoll ist es sicherlich, die Schüler die Regel ableiten zu lassen (ne in Verbindung mit einem Konjunktiv Perfekt in der zweiten Person Singular bzw. Plural) und im Anschluss etwa das Phänomen anhand von c aktiv zu verankern.

L

ist inhaltlich und grammatikalisch zweigeteilt. Die erste Hälfte schildert in einer Nachtszene die Panik unter der Bevölkerung Roms angesichts des großen Brandes vom 19. Juli 64 n.Chr. und die Gerüchte über eine Brandstiftung Neros. In diesem Teil (Z. 1-14) finden sich bewusst nur Beispiele für die Adverbbildung mit der Endung -e, sodass das Augenmerk zunächst auf die Einübung des Phänomens Adverb ohne seine verschiedenen Ausprägungen gerichtet wird.
Der zweite Teil (Z. 15-27) stellt dar, wie Nero den Verdacht der Brandstiftung auf die Christen als Sündenböcke abwälzt. Hier werden analog zu E die weiteren Adjektivbildungen durchgespielt und in den letzten Sätzen treten sie bewusst nebeneinander auf. Angeschlossen werden könnte eine Systematisierungsübung zu den verschiedenen Adverbbildungsarten, um das Gelernte zu festigen und zu vertiefen.
Im zweiten Teil findet sich auch eine immanente Wiederholung zum Demonstrativpronomen iste, dessen pejorative Konnotation in der abfälligen Rede Neros über die Christen herausgearbeitet werden sollte.
Zur Problematisierung und Relativierung des tendenziell negativen historischen Urteils über die Gestalt Neros könnte das Buch von Massimo Fini, *Nero. Zweitausend Jahre Verleumdung*, Bergisch Gladbach 1997, herangezogen werden, insbesondere das Kapitel ‚Der Brand von Rom', S. 116 ff.

Abbildungen S. 22

Bei der Münze handelt es sich um einen Messingsesterz 64-66 n.Chr., der Nero mit Lorbeerkranz zeigt.

Die Statuengruppe des Bildhauers E. Barrón González (1858-1911), die vor dem Rathaus von Córdoba, der Geburtsstadt Senecas steht, kann als ein kongeniales Kunstwerk bezeichnet werden, insofern es in der Statik die Dynamik der Beziehung zwischen Seneca und Nero darzustellen vermag. Seneca ist als bärtiger, älterer Lehrertypus mit entsprechender Fingergestik und einer Schrift auf dem Schoß gestaltet. Seine Sorgenfalten lassen erkennen, dass er die Nutzlosigkeit seiner ethischen Belehrungen bei Nero erahnt. Die verstockte, abweisende Körperhaltung und die zornige Mimik des jungen Nero zeigen seinen Unwillen über die Ausführungen seines Lehrers und verweisen schon auf den späteren Bruch zwischen beiden. Das Bild sollte vor allem in Hinblick auf **d** den Text über Seneca als Lehrer Neros, thematisiert werden.

Ü

a hält die Schüler zu einem vertieften Verständnis der charakteristischen Eigenheiten des Textes an, wie die Häufung von Imperativen (Z. 2 f.), die anaphorischen Wiederholungen (Z. 4 ff.) und die Hektik ausdrückende Auslassung des Verbs (Z. 7).

b schärft das Auge der Schüler für die neuen Adverbendungen.

c übt aktiv das Phänomen des Prohibitivs in seinen beiden Ausformungen ein und wiederholt zugleich die unterschiedlichen Perfektbildungsarten der umzuformenden Verben.

d ist ein Übersetzungstext, der sich als schriftliche Hausaufgabe gut eignet. Inhaltlich beleuchtet er die umstrittenen und als widersprüchlich empfundenen Rollen Senecas als Erzieher Neros, als reichen Mannes und Weisheitslehrers.

e ist eine Einsetzübung, die erst nach der Behandlung von **d** angegangen werden sollte, weil sie Inhalte dieser Übung stellenweise voraussetzt. Hier sind mehrere Lösungen möglich.

Sentenzen S. 23

Bei beiden Sentenzen handelt es sich dem Thema dieses Kapitels entsprechend um Sprüche Senecas. Facere docet philosophia, non dicere (Sen. *ep.* 20, 2) fordert vehement das Umsetzen erkannter Weisheit in die Lebenspraxis.

Die zweite Sentenz stammt aus Sen. *ep.* 3, 4 und gemahnt an die Wahrung der rechten Mitte zwischen Skepsis und Leichtgläubigkeit.

Abbildung S. 23

Das Wandbild aus Pompeji stellt eine am Meer gelegene kampanische Prachtvilla vor, nach deren Vorbild Nero seine Domus aurea gestaltete. Charakteristisch für diese Villen waren der Panoramablick über das Meer, Terrassen, Säulenhallen und Gartenanlagen. Wahrscheinlich sollte Neros Palastanlage mit der Landschaft des kampanischen Badeortes Baiae konkurrieren. Nach dem Brand 64 n.Chr. sah Nero sich als Helios und Begründer einer neuen aurea aetas. Dementsprechend ließ er die domus aurea als glänzenden Palast des Sol gestalten, mit einer Unmenge an glitzernden Edelsteinen und Goldflitter auf Fresken und Stuckteilen. Eine ausgeklügelte Lichtregie und ein leuchtender Stein namens phengites (Plinius, *nat. hist.* 36, 163) trugen das Ihre zur lichtdurchfluteten Wirkung des Palastes bei. In der Vorhalle (vestibulum) stand bekanntermaßen die Statue Neros als Helios. Nach dem Tod Neros benutzten die Kaiser Otho und Vitellius den unvollendeten Palast für kurze Zeit; spätere Kaiser zerstörten ihn wegen seiner unpopulären Implikationen absolutistischen Sonnenkönigtums. So wurde 80 n.Chr. auf dem stagnum Neronis das flavische Amphitheater erbaut und das von Nero annektierte Gelände so symbolisch dem römischen Volk zurückgegeben. Der Koloss wurde unter Kaiser Vespasian an die Via Sacra verbracht und unter Hadrian mit Hilfe von 24 Elefanten an das flavische Amphitheater gestellt. Wahrscheinlich während des Goteneinfalls wurde der Koloss zerstört, dessen Name aber in der seit dem Mittelalter für das benachbarte flavische Amphitheater gültigen Bezeichnung ‚Kolosseum' weiterlebt.

W1 Lesen mit Felix

S. 24 f.

Der Lesetext knüpft mit der Schilderung der Ermordung Agrippinas durch Nero an das vorangegangene Kapitel an und erweitert das Wissen über diesen Kaiser. Um aber das simplifizierende Klischee des allezeit verrückten Kaisers Nero zu vermeiden, sei wiederholt auf Massimo Fini, *Nero. Zweitausend Jahre Verleumdung*, Bergisch Gladbach 1997, verwiesen, insbesondere auf das Kapitel ‚Die Verbrechen', S. 113 ff., das Neros durchaus rationale Motive für den Mord an der Mutter aufzeigt. Um das Lesevergnügen zu fördern, ist ein erleichternder Text beigegeben, der den Satzbau auf das Wesentliche reduziert und so eine Hilfe für das Verständnis des Lesestücks darstellt, das alle relevanten Grammatikphänomene der ersten Sequenz wiederholt.

Abbildung S. 24

Das Filmfoto zeigt den bekannten englischen Schauspieler Peter Ustinov in seiner Paraderolle als Kaiser Nero. Diese Darstellung in Mervyn LeRoys Film *Quo Vadis* von 1951 dürfte das Nero-Bild des 20. Jahrhunderts in der breiten Öffentlichkeit wesentlich bestimmt haben. Bruce Babington und P. W. Evans analysieren, wie Ustinov die Filmfigur des Kaisers angelegt hat. Er vereinige die unheilige Dreifaltigkeit der Selbstverliebtheit in einer Person, indem er die Typen des Verbrechers, des Komödianten und des Kindes miteinander kombiniert habe („... *combines, in an unholy trinity of narcissism, the criminal, the comedian and the infant.*" Zitiert in: M. Junkelmann, *Hollywoods Traum von Rom*, Mainz 2004, S. 422, Anm. 942). Auch ohne den Film gesehen zu haben, dürfte es fruchtbar sein, die Schüler das Foto genau betrachten zu lassen und aus dem Gesichtsausdruck, der Körperhaltung und der Gewandung Neros Rückschlüsse auf den (vom Regisseur intendierten) Charakter des Kaisers anzustellen.

Der Auszug aus Beat Schöneggs Roman *Der Tod des Seneca* handelt von der Vergänglichkeit der Macht und führt resümierend die in der ersten Sequenz behandelten Kaisergestalten vor: Tiberius, Caligula, Claudius, Nero. Vor dem Hintergrund von 66 L werden die Schüler Schöneggs Aussage über Tiberius' „menschenverachtendes Lächeln" zu relativieren wissen. Wenn Seneca Claudius in diesem Auszug „Kürbiskopf" nennt, stellt das einen unmittelbaren Bezug zur *Apokolokyntosis*-Adaption in 67 L her.

Abbildung S. 25

Die Doppelbüste des Seneca - Sokrates kann in zweierlei Weise fruchtbar gemacht werden: Zum einen erinnert sie an den Philosophentod des Seneca, der bekanntermaßen nach dem Vorbild des Sokrates stilisiert wurde. Dieser könnte den Schülern etwa anhand der prägnanten Schilderung von Villy Sorensen, Senecas Tod, in: A. Patzer (Hrsg.), *Streifzüge durch die antike Welt*, München 1995, S. 299-304, nahe gebracht werden.
Zum anderen könnte die in der Büste aufscheinende Janusköpfigkeit als Ausdruck der Ambivalenz Senecas angesprochen werden, wie sie in der schon von Zeitgenossen angemahnten Diskrepanz von Leben und Lehre anklingt und in 68 **d** explizit thematisiert wird.

W1 Üben mit Felix

S. 26 f.

Der Übersetzungstest trägt mit der Darstellung des Caligula eine wichtige Kaisergestalt nach. Dabei wurde auch hier auf die Vermeidung üblicher Klischees, etwa des geisteskranken Kaisers geachtet, indem die Motive seines Handelns aufgedeckt werden. Zur adäquaten Würdigung dieses Kaisers sollte man Aloys Winterlings Biographie *Caligula*, München 2003, hinzuziehen.
Wie der Übersetzungstest wiederholen auch die Übungen den Grammatikstoff der ersten Sequenz: Prohibitiv und Adverbbildung **a**, Konjunktiv Perfekt im indirekten Fragesatz **b**, Partizip **c**, Konjunktiv Präsens und Gliedsatz **e**, Demonstrativpronomen iste **f**, Wahlfragen **g**.
Während **d** anhand wichtiger geographischer Begriffe zentrale Inhalte der vorangegangenen Sequenz resümiert, verweist **h** bereits auf die dritte Sequenz mit der Fortsetzung römischer Kaisergeschichte und stellt das chronologische Bindeglied dazu her.
Anders als Sueton, der Caligula als hässlichen Psychopathen darstellt, präsentiert sich der auf S. 26 abgebildete Porträtkopf des Kaisers. Dabei handelt es sich um ein offizielles Bildnis, das nach politischen Richtlinien entworfen wurde und die individuellen Gesichtszüge verschönt einband. Weiterführende Literatur in: *Bunte Götter*, München 2003, S. 198-211.

Sentenz S. 19

Die moralische Maxime Ne alienum malum tuum gaudium feceris, die von Publilius Syrus stammt, übt nicht nur den Prohibitiv ein weiteres Mal ein, sondern thematisiert auch das Thema „Schadenfreude".

2. Sequenz: Aus der Welt der Griechen (L 69-73)

Diese Sequenz beschäftigt sich mit Griechenland und seinen kulturellen Errungenschaften, die bis in die heutige Zeit reichen und weiter Bestand haben, wie die Olympischen Spiele und der Olympische Gedanke (69, 71, W_2), Philosophie (69, 70), Literatur (72, 73), Mythologie (72, 73) und noch heute bedeutsame Orte wie Delphi (72), Athen (70) und Olympia (69, 71, W_2).

Abbildungen S. 28

Das griechische Nemea war vor 2700 Jahren Schauplatz der panhellenischen Spiele. Der Archäologe Prof. Stephen Miller von der University of California Berkeley hat das Stadion 1974 ausgegraben und Überreste einer antiken Startanlage für den Wettlauf (Hysplex) gefunden, deren Mechanismus ein Betrügen seitens der Läufer unmöglich machte.
Die senkrechte Leiste mit den Vasenmalereien stellt die olympischen Disziplinen dar. Von oben nach unten: Ringen, Speerwurf, Weitsprung, Lauf und Diskuswurf (vgl. **a**).

69 Hier traf und trifft sich die Welt

F 1 Partizip Futur Aktiv (PFA)
2 Infinitiv Futur Aktiv

S 1 Verwendung des Partizip Futur Aktiv
2 Verwendung des Infinitiv Futur Aktiv

E An E 1 sollte die Gleichzeitigkeit der Handlung von Partizipialausdruck und übergeordnetem Satz hervorgehoben werden.
Auf der Hintergrundfolie des finalen ut-Satzes E 2 wird den Schülern der finale Charakter und die Nachzeitigkeit des Partizip Futur Aktiv rasch ersichtlich. Hier ist auch der Ort, die Bildungsweise des PFA ausgehend von der Form des PPP zu erläutern.
Das neu erlernte Grammatikphänomen könnte nun durch die Lektüre von L, Z. 1-17 eingeübt und vertieft werden.
E 3 führt in einer AcI-Konstruktion den Infinitiv Futur Aktiv vor, E 4 den Infinitiv Futur Aktiv von esse zusammen mit seiner Kurzform fore.

L stellt eine Art Bündelung der Themenbereiche dar, die in den Folgekapiteln dieser Sequenz behandelt werden. Nach einem aktualisierenden Einstieg, der von etwaigen Urlaubserlebnissen der Schüler ausgeht, zeigt L, aus welchen Gründen Menschen der Antike nach Griechenland reisten: Erkundung der Zukunft beim Orakel von Delphi (Z. 8-10a), Weiterbildung in Jurisprudenz, Rhetorik und Philosophie (Z. 10b-19), Teilnahme an den Olympischen Spielen (Z. 20-27). Dass römische Gesandte nach Athen geschickt worden seien, um die Gesetze Solons als Vorlage für die römische Gesetzgebung aufzuzeichnen, dürfte eine Legende aus der Zeit der späten Republik und sachlich falsch sein.
Wie angedeutet, bietet sich die erste Hälfte (Z. 1-19) zur intensiven Einübung des PFA und seiner finalen Sinnrichtung an, bevor im letzten Abschnitt (Z. 20-27) der Infinitiv Futur Aktiv bei Verben und dem Hilfsverb esse thematisiert werden. Beim PPP commoti (Z. 13) sollte auf das Zeitverhältnis des Partizips zum übergeordneten Satz und die adäquate Wiedergabe der Sinnrichtung (kausal) geachtet werden, um den Unterschied zu den neuen Formen des PFA bewusst zu machen. Der Übung halber könnte der Lehrer außerdem die beiden finalen ut-Sätze aus L (ut ... cognoscerent Z. 5 f.; ut ... acciperent Z. 14 f.) zu Sätzen mit PFA umwandeln lassen.

Ü **a** fordert die Schüler auf, Antike und Moderne exemplarisch gegeneinander zu halten und ist dazu angetan, am Modell ihr historisches Bewusstsein zu schärfen.

b Vgl. dazu etwa H. A. Cahn, Eulen nach Athen tragen, in: R. Surbeck (Hrsg.), *Fernsehen in die Antike*, Basel 1994, S. 16:
„Diese antike Redeweise will sagen: ‚Wozu Sachen an einen Ort tragen, an welchem davon schon eine Menge vorhanden ist?' Wie etwa Käse nach Gruyères, Stumpen nach Beinwil am See. In Athen war nicht lebendes Federvieh gemeint, sondern die Silbermünze mit dem Eulenbild. In Zeiten großer Machtentfaltung gab die Stadt Millionen von diesen Eulenmünzen heraus. Sie wurden Weltwährung."
Die Eule galt als das Symboltier der Pallas Athene und als Sinnbild der Weisheit, weil sie in der Nacht zu sehen vermag. Weil die Eule in der Nacht ihre Wachzeit hat, wurde sie auch mit dem nachts im Schein der Öl-

lampe betriebenen Bücherstudium assoziiert: Wohl deshalb auch ziert sie häufig das Signet wissenschaftlicher Verlage und Buchhandlungen.

c und **d** wiederholen bzw. üben die mit diesem Kapitel vervollständigten Partizipformen ein.

e ist eine aus „Latein mit Felix" 1 und 2 vertraute Übung zur Erschließung von Wortfeldern.

f eignet sich gut als schriftliche Hausaufgabe. Inhaltlich vertieft es die Themenkreise ‚Transfer der Philosophie von Griechenland nach Rom' (L, Z. 13-19) und ‚Vorbehalte der Römer' gegen sie. Erinnert werden könnte in dem Zusammenhang an die Ausweisung der Philosophengesandtschaft des Karneades in der Republik bzw. an die Ausweisung der Philosophen unter Kaiser Domitian. Römisch-aristokratischer Konservativismus war an strenge Dogmatik, Tradition und Gefolgsamkeit gewöhnt. Die subversive Kraft der griechischen Dialektik galt leicht als autoritätszersetzend.

Abbildungen S. 30

Das abgedruckte Titelblatt von 1896 zeigt eine Frau in griechischer Tracht und ruft antike Assoziationssymbole auf, wie den schlangenbezwingenden kleinen Herkules auf dem Bild zur Linken der Frau bzw. die hinter ihr sich erhebende Tempelarchitektur mit Säulen und Relief. Im Hintergrund öffnet sich eine griechische Landschaft, wohl Olympia, wie die Überschrift „Olympische Wettkämpfe" andeutet. Reduktionistischer als die florale Üppigkeit der Girlanden auf diesem Bild fällt das offizielle Emblem der Olympischen Spiele von Athen 2004 aus, das den Siegeslorbeer darstellt.

70 Erziehung durch Provokation

S 1 Partizipialkonstruktionen (Vertiefung)
2 Partizip Futur Aktiv als Prädikatsnomen

E Bei der Wiedergabe von E 1 sollten zur Wiederholung die drei Übersetzungsmöglichkeiten des Partizips mit Adverbialsatz, Präpositionalausdruck bzw. Beiordnung durchgespielt werden, und zwar in beiden hier möglichen Sinnrichtungen: kausal und modal.
E 2 führt die konzessive Sinnrichtung vor, wobei der Schüler einmal mehr für die Übersetzungshilfe durch das Wörtchen tamen sensibilisiert werden sollte.
An E 3 sollte dem Schüler vor Augen geführt werden, dass das PFA stets finale Sinnrichtung hat, während sie beim PPA und PPP den Kontext des Satzes zur richtigen Sinnwiedergabe berücksichtigen müssen, so auch in E 4, wo sowohl kausale als auch konditionale Wiedergabe möglich ist. Bevor man zu E 5 weitergeht, kann anhand von E 1-4 das Phänomen der geschlossenen Wortstellung wiederholt werden.
E 5 thematisiert das PFA in Verbindung mit esse. Dabei sollte der Lehrer auf die drei prinzipiellen Wiedergabemöglichkeiten im Deutschen aufmerksam machen: Entweder ist wie hier eine Willensäußerung beabsichtigt (Übersetzung mit ‚wollen') oder es wird eine unmittelbar bevorstehende Handlung angedeutet (Übersetzung mit ‚im Begriffe sein, etwas zu tun') oder eine in die Zukunft weisende Handlung (Übersetzung mit ‚werden'). Alle Möglichkeiten sollten bekannt sein, da sie in L aktualisiert werden. Eingeübt werden können sie vorab durch **b**.

L schildert eine besonders aussagekräftige Anekdote über den Kyniker Diogenes von Sinope, in der nicht nur sein provokativ vernachlässigtes Äußeres (barba longa, veste simplici, pedibus nudis), sein einfacher Lebensstil (cibum simplicem) und die giftige Reaktion seiner athenischen Mitbürger, sondern auch sein philosophisches Credo der vita simplex thematisiert werden.

Weiterführende Literatur zum Thema

Weitere Texte über Diogenes zur Vertiefung des Themas sind leicht verfügbar über das empfehlenswerte Buch von Klaus Döring, *Die Kyniker*, Bamberg 2006. Darin finden sich etwa die vom Doxographen Diogenes Laertios überlieferten Anekdoten zur Erklärung des Namens Kyniker / ‚Hund' (S. 8f.): „Als er auf dem Marktplatz frühstückte und die Umstehenden ständig riefen: ‚Du Hund!', sagte er: ‚Ihr seid doch wohl die Hunde, die ihr mich beim Frühstücken umlagert.'" - „Gefragt, weshalb man ihn ‚Hund' nenne, antwortete er: ‚Weil ich die, die mir etwas geben, freundlich anwedele, die, die mir nichts geben, anbelle und die Schurken beiße.'" - „Als einst junge Burschen um ihn herumstanden und sagten: ‚Lasst uns aufpassen, dass er uns nicht beißt!', antwortete er: ‚Keine Angst, ihr Knaben; ein Hund frisst keinen Mangold.'" Zu dieser Anekdote sei angemerkt, dass ihr Witz darin besteht, dass nicht nur ein Hund natürlich keinen Mangold frisst, sondern dass die Blätter des Mangold, die man gerne aß, als Inbegriff des Weichen galten und man daher von weichen Dingen sagte, sie seien „weich wie Mangold". Und noch eine weitere Anekdote: „Als Alexander einmal zu ihm trat und sagte: ‚Ich bin Alexander, der Großkönig,' erwiderte er: ‚Und ich Diogenes, der Hund.'"
Für die Namensgebung verantwortlich dürfte aber v.a. das Gymnasium Kynosarges als Lehrort des Antisthenes, des Begründers der kynischen Schule, sein.

Zur Ikonographie von Kynikerstatuen vgl. P. Zanker, *Die Maske des Sokrates. Das Bild des Intellektuellen in der antiken Kunst,* München 1995, insbesondere S. 127 f. und zu einer Diogenes-Statuette S. 171 f.

Bei der Übersetzung der drei PFA mit esse ist auf die je nach Satzkontext adäquate Sinnrichtung zu achten: acturi non sunt - ‚wollen nicht' / capturus est - ‚er ist im Begriff, zu ergreifen' / victurus sum - ‚ich werde leben'. Deutlich abgesetzt werden davon muss die Wiedergabe des PFA (quaesituri, demonstraturus, provocaturus) mit finaler Sinnrichtung.

Ü

a dient einem vertieften Textverständnis, indem etwa tabellarisch die diametral entgegengesetzten Lebensentwürfe der kynischen Philosophie des Diogenes bzw. die Lebenshaltung seiner athenischen Zeitgenossen gegenübergestellt werden.

b übt das PFA als Prädikatsnomen ein. Wie angedeutet, kann diese Übung an E 5 angeschlossen werden.

c ist eine Systematisierungsübung, die neben der Wiederholung der Konjugationsklassen sämtliche Bildungsarten des Partizips thematisiert und so vertiefend einübt. Die optische Gestaltung mit den fünf olympischen Ringen erinnert an die Thematik des vorangegangen Kapitels.

d könnte auch zur grammatischen Vorerschließung von L verwendet werden.

e eignet sich als schriftliche Hausaufgabe, zumal die Sätze inhaltlich in engem Zusammenhang mit L stehen. Eingeübt wird das PFA als Prädikatsnomen, immanent wiederholt wird der Prohibitiv.

I

Vgl. zur Alexander-Anekdote: M. Schefczyk, *Der Erfolg und sein Schatten. Diogenes, der Anti-Projektemacher. Auslegung einer Philosophen-Anekdote,* Neue Zürcher Zeitung vom 26.01.2002, S. 95:
„Ziele ins Auge fassen, Pläne schmieden, Visionen nacheifern, Projekte entwerfen: Das (wirtschaftliche) Leben ist voller Aktionismus. Doch warum tun sich das die Menschen an? Diogenes stellte diese Frage radikal. Er konnte dem Prinzip ‚Projektemachen', für das in seiner Zeit Alexander der Große stand und heute ein Verwaltungsratspräsident einer großen Unternehmung stehen könnte, nichts abgewinnen. Gerade deshalb fand er die bewundernde Anerkennung Alexanders des Großen. Für Diogenes war Philosophie nicht einfach Bildungsgut, sondern zivilisationskritische Lebensform. [...] Der Diogenes-Schatten verrät etwas über die Gefahr des Projektemachens, die darin besteht, jegliches Maß zu verlieren, leerer, zielloser Aktionismus, verzweifelter Ausgriff zu werden, der einen mächtigen Schatten auf alle und alles wirft, aber kein Licht spendet: ‚Geh mir aus der Sonne!'"

Abbildung S. 32

Das Bild von Jean Léon Gérôme zeigt den Philosophen Diogenes in seiner Tonne, wie er die Laterne ansteckt, mit der er wenig später zur Verwunderung seiner Mitbürger am hellen Tag durch die Straßen Athens ziehen und auf die Frage nach seinem Tun antworten wird: „Ich suche Menschen!" Die Bedürfnislosigkeit des Kynikers erkennt man an der bloßen Bekleidung durch einen Lendenschurz und an typisch kynischen Accessoires wie dem links an die Tonne gelehnten Wanderstab und dem an ihm hängenden abgewetzten Mantelüberwurf. Die Hunde um Diogenes spielen auf die Ableitung des Wortes Kyniker von altgriechisch kyon, „Hund", an.

71 Kein Zutritt für Frauen

S Ablativus absolutus (1)

E

E 1 stellt den inhaltlichen Kontext für E 2 bereit. E 2 führt den Ablativus absolutus vor, der in seiner Eigenart als Verbindung eines Nomens im Ablativ mit einem PPP oder dem Partizip Präsens verdeutlicht werden sollte. In Anlehnung an den Ablativ der Zeit in E1 (aestate) könnte der Ablativus absolutus mit einem Präpositionalausdruck („bei Sommeranfang") wiedergegeben werden.
E 3 und 4 gehen von Gliedsätzen aus, bevor dieselbe Satzaussage jeweils in der Spielart des Ablativus absolutus folgt. Damit ist zum einen ein eigenständiges Erschließen der Übersetzung des Ablativus absolutus durch die Schüler erleichtert, zum anderen führt es die geläufige Art seiner Wiedergabe ins Deutsche mit einem Adverbialsatz vor. Der Lehrer sollte aufzeigen, dass wie beim Participium coniunctum das Partizip Präsens (E 3) die Gleichzeitigkeit, das PPP die Vorzeitigkeit (E 4) bezeichnet. Entsprechende deutsche Subjunktionen sind je nach Kontext des Satzes zu wählen. Da es sich beim Ablativus absolutus um einen komplexen grammatikalischen Stoff handelt, empfiehlt es sich, dieses Phänomen anhand der Übungen **c** und **e** zu sichern und zu vertiefen, bevor man an die Übersetzung von L geht.

L handelt von dem Skandal bei den Olympischen Spielen des Jahres 452 v.Chr., als eine Frau zuschaute und von Wachen aufgegriffen wurde. Vor einem Schiedsgericht schildern zwei mit der Durchführung der Olympischen Spiele betraute Priester den unerhörten Vorgang aus zwei konträren Perspektiven. In der ersten Hälfte von L fordert ein empörter Priester die harte Bestrafung der Frau, im zweiten Teil wirbt ein anderer um Verständnis und Nachsicht.
Um die Schüler für das Zeitverhältnis und damit die richtige Wiedergabe der Ablativi absoluti zu sensibilisieren, könnte vor einer Übersetzung des Textes die Aufgabe gestellt werden, in tabellarischer Form die Ablativi absoluti mit PPA von den Ablativi absoluti mit PPP zu unterscheiden. Bei der anschließenden Übersetzung können sich die Schüler bis auf den Schlussabschnitt an den Musterübersetzungen von E 3 und 4 orientieren. Bei den Ablativi absoluti Victoriis Olympiis (Z. 18) bzw. Adversariis ... victis (Z. 22) ist sowohl eine temporale wie kausale Übersetzung möglich, während bei der Wendung nullo custode resistente (Z. 20) eine modale Wiedergabe im Adverbialsatz (‚wobei') oder ein Ausdruck mit der Präposition ‚ohne' als sinnvoll erscheint.

Ü **a** Diese handlungsorientierte Übung stellt eine gute Möglichkeit dar, den Inhalt von L durch eine szenisch-dialogische Gestaltung zu vertiefen und den zugrunde liegenden Konflikt zu verlebendigen.

b stellt gewissermaßen die Fortsetzung von L dar und konfrontiert die Schüler mit einem neuen Aufgabentypus: Deutschen Paraphrasen sollen die zugrunde liegenden lateinischen Sätze zugeordnet werden.

c dient der aktiven Einübung der Formen des Ablativus absolutus und der adäquaten Wiedergabe ins Deutsche.

d schärft das Bewusstsein der Schüler, wie unverzichtbar wichtig das genaue Beherrschen der Stammformen unregelmäßiger Verben ist. Der Lehrer sollte dabei auf die Zusammenfassungen der unregelmäßigen Verben am Ende des Wortschatzteiles jeder Sequenz hinweisen.

e übt die verschiedenen Wiedergabemöglichkeiten des Ablativus absolutus ein und schult die Ausdrucksflexibilität der Schüler.

f ist gut zur häuslichen Vorbereitung geeignet, zum einen, weil es das Thema von L weiterführt und mit 70 L verknüpft, zum anderen, weil Partizipien und der Ablativus absolutus wiederholt bzw. vertieft eingeübt werden können.

72 ... und das Orakel hat doch Recht

S Ablativus absolutus (2)

E greift inhaltlich die Thematik des vorangehenden Lesestückes auf, um den neuen Grammatikphänomenen die volle Aufmerksamkeit der Schüler zu sichern. Da der Ablativus absolutus als solcher bekannt ist, kann es der Lehrer wagen, das Wissen der Schüler über Übersetzungsmöglichkeiten und Sinnrichtungen des Participium coniunctum auf den Ablativus absolutus in den E-Sätzen anzuwenden. Wegen der Wichtigkeit des Ablativus absolutus empfiehlt es sich, die Übersetzung der E-Sätze mit ihren verschiedenen Wiedergabemöglichkeiten schriftlich anfertigen zu lassen und anschließend eingehend zu besprechen und ggf. zu verbessern. Erst wenn das Phänomen verstanden bzw. an weiteren Übungen (etwa **b** und **c**) abgesichert ist, sollte an die Übersetzung von L gegangen werden.

L schildert das tragische Schicksal des Ödipus, das auf Sophokles' berühmtes Drama *König Ödipus* zurückgeht, einem „der berühmtesten und spannendsten Theaterstücke der Weltliteratur, und, wenn man will, des ersten Theaterkrimis - mit einem Detektiv, der einen Fall löst und dabei feststellt, dass er selbst der Täter ist." (G. Dommermuth-Gudrich, *50 KlassikerMythen*, Hildesheim 2000, S. 197)
Zum Ödipus-Stoff, seiner vielschichtigen Rezeption in Psychoanalyse und Literatur und zu Bilddokumenten vgl. das entsprechende Kapitel in G. Dommermuth-Gudrich, a.a.O., S. 194-201.
Bei der Übersetzung sollte darauf geachtet werden, dass die Ablative pedibus vinctis (Z. 3) bzw. pedibus violatis (Z. 6 f.) nicht als Ablativi absoluti aufgefasst werden müssen. Anhand der Beispiele decessurum esse (Z. 2) und rediturum esse (Z. 16) bzw. cogniturus (Z. 13) kann leicht eine Wiederholung zum Infinitiv Futur Aktiv bzw. zum PFA als Prädikatsnomen geleistet werden.

Abbildung S. 36

Bei der Betrachtung dieses Vasenbildes (Amsterdam, Allard Pierson Museum) könnte man die Schüler darauf hinweisen, dass in der griechischen Antike der größte Teil der Kulthandlungen in Form von Gaben und Opfern außerhalb des eigentlichen Tempels stattfand. Der Tempelbau beherbergte den der Gottheit gewidmeten Schatz und - wie auf der Abbildung zu sehen - die Kultstatue.

Ü

a Den Schülern dürften aus ihrem Kenntnisbereich etwa Romulus und Remus bzw. aus dem christlichen Bereich Moses einfallen. Bei der Aussetzung im Säuglingsalter handelt es sich um ein topisches Element antiker Heroenviten.

b und **c** schulen die Übersetzungskompetenz der Schüler durch die Wiedergabe des Ablativus absolutus in verschiedenen Sinnrichtungen bzw. unterschiedlicher deutscher Stilform.

d wiederholt immanent das Phänomen der Verben mit doppeltem Akkusativ (vgl. „Latein mit Felix 2", L 44), inhaltlich setzt es sich mit philosophischen Thesen auseinander.

Satz 1 stellt die unterschiedlichen Vorstellungen der vorsokratischen Naturphilosophie gegenüber, die Sätze 2-4 umreißen Fragestellungen aus dem Bereich der Ethik.
In 2 wäre an die Epikureer mit ihrem Freundschaftskult zu denken, in 3 an kynische bzw. stoische kosmopolitische Positionen, während in 4 epikureisches otium stoischem negotium entgegengesetzt wird.

Abbildung S. 37

Das Gemälde von Jean Auguste Dominique Ingres zeigt einen jugendlichen und selbstbewusst die Sphinx herausfordernden Ödipus, wie der lockende Fingergestus und die Mimik verraten. Die Szene ist auf zweierlei Weise lesbar: Zum einen könnte Ödipus gerade ungeduldig die Sphinx zur Stellung der Rätselfrage auffordern, oder nach der Lösung des Rätsels seine Entlohnung einfordern. Darauf könnte auch die unwillige Mimik der Sphinx hindeuten.

73 Die Entscheidung der Antigone

S Ablativus absolutus

E

In E 1 erscheint ein Satz mit identischer Aussage, aber unterschiedlicher grammatikalischer Gestaltung doppelt. Vom bekannten Ablativus absolutus mit PPA ausgehend kann der Schüler so leicht das Phänomen des Ablativus absolutus mit Substantiv erschließen.
Der Lehrer sollte erläutern, dass das Partizip fehlt, da esse kein Partizip bildet, außerdem, dass bei der Wiedergabe im Deutschen meist Präpositionalausdrücke verwendet werden.
Anhand von E 2 und 3 sollte der Schüler selbst erschließen können, dass der Ablativus absolutus auch in Verbindung mit einem Adjektiv vorkommt. Auch hier ist auf die kontextabhängige adäquate Wiedergabe der Sinnrichtung zu achten.
Vertiefend eingeübt werden könnte das neue Phänomen anhand von **d**.

L

In organischem Anschluss an das vorangegangene L wird mit der Ödipustochter Antigone, „eine der bemerkenswertesten Frauengestalten des Mythos und der gesamten Weltliteratur" (G. Dommermuth-Gudrich, a.a.O., S. 44), thematisiert. Die politische Aussage von Sophokles' gleichnamigem Drama, dass Widerstand gegen eine zu Unrecht ausgeübte Staatsgewalt erlaubt ist, besitzt nach wie vor Gültigkeit. Die mannigfaltige Rezeption in Literatur (Bertolt Brecht, Jean Anouilh, Rolf Hochhuth) und Oper ist schlagender Beweis für die Aktualität des Antigone-Stoffes. Vgl. dazu G. Dommermuth-Gudrich, a.a.O., S. 44-49.

L führt den entscheidenden Dialog zwischen dem thebanischen Machthaber Kreon und Antigone vor, in dem der Konflikt zwischen menschengesetztem und göttlichem Recht verhandelt wird. In diesem Text kommt die geläufige Form des Ablativus absolutus mit Partizip vor (Z. 2 f.), in Z. 6 und 14 der Ablativus absolutus mit Adjektiv und in Z. 1, 12, 16, 19 und 20 f. der Ablativus absolutus mit Substantiv.

Ü

a verlangt den Schülern die genaue Lektüre von L und aktiven Umgang mit der lateinischen Sprache ab.

b Wegen ihres häufigen Vorkommens in der Literatur sollte der Lehrer nach der gemeinsamen Erarbeitung Musterübersetzungen dieser Satzanschlüsse ins Heft eintragen und lernen lassen.

d ist geeignet, den Ablativus absolutus mit Substantiv bzw. Adjektiv aktiv einzuüben.

e zeigt modellhaft das Weiterleben und die Fortentwicklung des lateinischen Demonstrativpronomens ille in den modernen europäischen Sprachen auf.

f eignet sich als schriftliche Hausaufgabe, die drei Beispiele von Ablativi absoluti in Satzkontexten einübt.

Abbildungen S. 39

Das Bild zeigt die Allegorie der Iustitia mit den bekannten

Attributen der Augenbinde als Zeichen unbestechlicher Gerechtigkeit, der Waage in der Linken, die das sorgfältige Abwägen der Argumente der Anklage bzw. Verteidigung symbolisiert, und dem Richterschwert in der Rechten, das die Bestrafung andeutet.

Das rotfigurige Vasenbild zeigt rechts Kreon mit Szepter und einer Art Tiara, den Zeichen seiner Königswürde, thronen. Antigone steht mit halb verhülltem Haupt und gesenktem Blick vor seinem Thron, zwischen ihnen ein mit Lanze bewaffneter jugendlicher Wächter.

W2 Lesen mit Felix

S. 40 f.

Die gut lesbare Fassung der aesopischen Fabel von den unzufriedenen Fröschen wiederholt grammatikalische Phänomene der ersten beiden Sequenzen (Partizip Futur Aktiv, Ablativus absolutus, Prohibitiv etc.). Der zweite lateinische Text liefert die konkrete geschichtliche Situation zur Fabel nach. Der deutsche Begleittext und die Erschließungsfragen ermöglichen ein vertieftes Verständnis des Zusammenhangs beider lateinischer Texte. Lessings Fabel dient als Vergleichstext und zugleich als Zeugnis für das produktive Fortleben des antiken Stoffs.
An dieser Doppelseite wird modellhaft die Zweiteilung der Fabel in Bild- und Sachebene vorgeführt, und neben die historische Kontextualisierung gerät mit dem Lessing'schen Rezeptionsdokument auch die literarhistorische Dimension ins Blickfeld.

Abbildung S. 41

Der Stich von Gustave Doré ist insofern reizvoll, als er buchstäblich aus der Froschperspektive die Panik der Frösche vor dem Kranich zeigt, der im Bildhintergrund dräuend emporragend gerade einen Artgenossen verschlingt - im Bildvordergrund springen drei Frösche vor dem Unheil fliehend ins Wasser, andere suchen im hohen Uferschilf Unterschlupf.

W2 Üben mit Felix

S. 42 f.

Beide lateinischen Texte mit den Themen ‚Olympischer Friede' bzw. ‚körperliche versus geistige Ertüchtigung' sind leicht aktualisierbar: Man denke an die Aushöhlung des olympischen Friedensgebotes in moderner Zeit bzw. an den Körperkult unserer Zeit, wie er sich in Bodybuilding, Schönheitsoperationen und Wellness-Angeboten manifestiert.
Die Übungen **a** und **d** wiederholen und vertiefen den Ablativus absolutus, **b** rekapituliert die bis dato gelernten Funktionen des Ablativs (Ablativ der Zeit, des Mittels, des Ortes, des Ausgangspunktes, bei Präpositionen etc.), **c** wiederholt beide Möglichkeiten des Prohibitivs, **e** variiert die Fehlerdiagnose durch die intendierte Partnerarbeit, und **f** dient der systematisierenden Bestimmung aller Partizip-arten.

„Ein Bayer wird König von Griechenland" S. 44 f.

Die Doppelseite beschließt die Sequenz mit einem Ausblick auf die enge Verbindung zwischen Bayern und Griechenland im 19. Jahrhundert und führt den Schülern einen oft vergessenen Aspekt der Geschichte ihres Heimatlandes Bayern vor Augen.
Peter von Hess (1792-1871) ist als Genre- und Historienmaler bekannt geworden, der für König Ludwig I. in München und später auch für Zar Nikolaus I. in Sankt Petersburg große Schlachtenzyklen gestaltete. 1832/33 begleitete der Maler den Prinzen Otto von Bayern nach Griechenland. Das Gemälde auf S. 44 oben zeigt die Landung und den feierlichen Einzug Ottos am 6. Februar 1833 in der damaligen griechischen Hauptstadt Nauplia. In Auftrag gegeben hatte das Bild König Ludwig I.: Es sollte wie das Gegenstück des unten abgedruckten „Empfang König Ottos in Athen" den Beginn der Bavarokratie in Griechenland dokumentieren. Die unten stehende Abbildung zeigt, wie Otto vor dem Theseion vom griechischen Patriarchen am 13. Januar 1835 empfangen wird.

Weiterführende Literatur zum Thema

- W. Helmberger, Ein bayerischer Prinz wird König von Griechenland, in: *Von Athen nach Bamberg* (Katalog zur Ausstellung in der Bamberger Neuen Residenz vom 21. Juni - 03. November 2002. Zahlreiche Abbildungen), München 2002, S. 26-45.
- W. Seidl, *Bayern und Griechenland. Die Geburt des griechischen Nationalstaats und die Regierung König Ottos*, München 1981.
- L. Trost, *König Ludwig I. in seinen Briefen an seinen Sohn, den König Otto von Griechenland*, Bamberg 1891.

- I. Wilharm, *Die Anfänge des griechischen Nationalstaats, 1833-1843*, München 1973.

Abbildungen S. 45

Die Walhalla gilt als eines der bedeutendsten deutschen Nationaldenkmäler. Sie wurde im Auftrag von König Ludwig I. von dem Architekten Leo von Klenze als Nachbildung der Akropolis im Zeitraum von 1830-1842 geschaffen. Walhalla bedeutet übersetzt ‚Totenhalle'. Sie fungiert als Ruhmeshalle für bedeutende Persönlichkeiten aus der germanisch-deutschen Sprachfamilie. Die zeitliche Spannbreite der 127 Marmorplastiken und 64 Gedenktafeln im Inneren reicht derzeit von Hermann dem Cherusker bis zu Sophie Scholl, Widerstandskämpferin im Dritten Reich. Auch heute kann verdienten Persönlichkeiten ein Ehrenplatz in der Walhalla zuteil werden.

Der Philhellene Leo von Klenze hatte bereits vorher im Auftrag des Kronprinzen Ludwig mit den Propyläen und der Glyptothek auch den Königsplatz in München zu einem ‚Isar-Athen' gemacht. Seit 1830 werden dort bedeutende Sammlungen antiker Skulpturen, Vasen, Bronzen und Goldschmuck gezeigt.

3. Sequenz: Untergang und Neuanfang (L 74–78)

In dieser Sequenz wird versucht, in exemplarischer Weise die lange Zeitspanne bis zum Untergang des Römischen Reiches 476 n.Chr. und die sich danach abzeichnende Entwicklung im westlichen Teil Europas vorzustellen. Dazu gehören zum einen die schnelle Abfolge der Soldatenkaiser (74, Quelle: *Historiae Augustae scriptores*), zum anderen wichtige Einzelpersönlichkeiten wie Kaiser Konstantin der Große (75), der das Christentum zur Staatsreligion machte und zum Wegbereiter des von einem christlichen Kaiser regierten Abendlandes wurde.

Die Nachrichten über den letzten römischen Kaiser, Romulus Augustulus (76), sind spärlich. Um gleichwohl den Schülern etwas vom Zeitgeist des untergehenden Weströmischen Reiches zu vermitteln, wird ihnen eine Zusammenfassung aus Friedrich Dürrenmatts Drama *Romulus der Große* geboten.

Den Schlusspunkt der Sequenz bilden zwei Kapitel über Karl den Großen (77, 78), der als Vater Europas bezeichnet wird und über dessen hier thematisierte Bildungsbestrebungen sich das antike kulturelle Erbe mit der Tradition der germanischen Völker verbindet.

Abbildung S. 46 f.

Das Fresko aus dem vatikanischen Papstpalast zeigt Kaiser Konstantin im feldherrlichen Gestus der adlocutio vor der Schlacht an der Milvischen Brücke 312 gegen Maxentius, als am Himmel plötzlich das Kreuzeszeichen (En touto nika - In hoc signo vinces) erscheint.

Die Feldzeichen tragen zum Teil noch die heidnischen Symbole, zum Teil sind sie schon vom christlichen Kreuz bekrönt. (Auf diese Darstellung von Feldzeichenträgern kann man übrigens im Rahmen der Behandlung von 83 L zurückverweisen, wo es um den mutigen Einsatz des Adlerträgers der 10. Legion während Cäsars Landung in Britannien geht, vgl. S. 42 f. in diesem Lehrerband.)

Der Raum (Sala di Costantino), dessen Namensgeber Kaiser Konstantin ist, sollte die Niederlage des Heidentums und den Triumph der christlichen Religion dokumentieren. Er war für Empfänge und offizielle Zeremonien bestimmt.

Abbildung S. 47

1511 bis 1513 malte Albrecht Dürer mit Karl dem Großen und Kaiser Siegmund als Gegenstück zwei repräsentative Kaiserbilder für die Stadt Nürnberg, die damit wohl ihren Anspruch auf die Aufbewahrung der alljährlich einmal öffentlich zur Schau gestellten Reichskleinodien (Herrschaftsinsignien der Kaiser und Könige des Heiligen Römischen Reiches Deutscher Nation) untermauern wollte. Auf dem hier nicht abgebildeten Rahmen des im Besitz des Germanischen Nationalmuseums Nürnberg befindlichen Bildes steht die umlaufende Schrift:

Dis ist der gestalt und biltnus gleich / Kaiser Karlus der das Remisch reich / Den teitschen untertenig macht / Sein Kron und Klaidung hoch geacht / zaigt man zu Nürenberg alle Jar / Mit anderm haltum offenbar.

Karl der Große wird im prachtvollen Kaisermantel dargestellt, auf dem der Adler als kaiserliches Wappentier mehrfach abgebildet ist. In der Rechten trägt Karl das Reichsschwert, in der Linken den Reichsapfel, der als Symbol des Erdballs in der Hand des Kaisers Sinnbild der Weltherrschaft war, auf dem Kopf die Reichskrone.

74 Ein Barbar auf dem Kaiserthron

S Konjunktiv im Hauptsatz: Hortativ, Jussiv, Optativ

E knüpft inhaltlich mit der Erwähnung Kaiser Neros an das Schlusskapitel der Eingangssequenz über die ersten Kaiser Roms an, sodass eine Verbindung zum Thema Kaisertum hergestellt ist.

Die im Lateinischen gegebene Möglichkeit, Aufforderungen und Wünsche durch den Konjunktiv auszudrücken, hat keine unmittelbare Entsprechung im Deutschen. Die üblichen Übersetzungen für den Hortativ (‚Lasst uns ...') und Optativ (‚Möge dir dies gelingen!') entsprechen nicht der Ausdrucksweise heutiger Schüler. Daher wird man bei der Einführung des Hortativ, Jussiv und Optativ als speziellen Funktionen des Konjunktivs im Hauptsatz kontrastiv vorgehen und auf eine dem heutigen Deutsch angemessene Wiedergabe hinarbeiten (etwa ‚Hoffentlich gelingt dir dies!').

E 1 und 2 führen erfüllbar gedachte Wünsche im Konjunktiv Präsens (für die Gegenwart) bzw. Konjunktiv Perfekt (für die Vergangenheit) vor, wobei der Lehrer in E 2 auf die Verneinung des Optativs durch ne hinweisen sollte. Hier etwa könnte bereits eine Einübung anhand des ersten Abschnitts von L (Z. 1-10) geleistet werden.

E 4 führt den Hortativ, E 5 den Jussiv vor. Im Vergleich der jeweilig geforderten Person (1. Pers. Pl. im Hortativ / 3. Pers. Sg. bzw. Pl. im Jussiv) sollte den Schülern der Unterschied beider Konjunktivfunktionen deutlich werden. Vertieft werden kann der Hortativ über **c**, der Jussiv über **b**.

L Grundlage für den Text über den ersten Soldatenkaiser Maximinus Thrax ist *Hist. Aug.* XIX 8-26. Am Beispiel von Maximinus Thrax erkennen die Schüler, dass zwischen dem Senat und der römischen Aristokratie auf der einen Seite und dem sich als herkulischer Held gerierenden, aber unkultivierten und grausamen Heerführer andererseits eine unüberbrückbare Kluft bestand. Der Senat stellte sich offen gegen den Kaiser der Soldaten und erklärte ihn zum Staatsfeind. Maximinus Thrax wiederum betrat Rom nicht ein einziges Mal. Nicht zuletzt wegen der ständig wachsenden Bedrohung des Imperium Romanum von außen war das Reich mit der von Augustus begründeten Staatsform des Prinzipats nicht mehr zu regieren. Der Niedergang und die politische Bedeutungslosigkeit der Stadt Rom und die Gefährdung des Imperiums insgesamt zeichnen sich bereits bei der Gestalt des Maximinus Thrax ab.
Im ersten Abschnitt von L (Z. 1-10) kommt ausschließlich der Optativ vor, sodass eine von Hortativ und Jussiv isolierte intensive Einübung dieses grammatikalischen Phänomens möglich ist. Die letzten beiden Abschnitte (Z. 11-17 / 18-26) bieten hinreichende Möglichkeiten zur Einübung und Vertiefung des Jussivs und Hortativs.

Abbildung S. 48

Vgl. zu diesem Porträt des Maximinus Thrax: J. Boardman, *Geschichte der antiken Kunst*, Stuttgart 1997, S. 343 f.: „Ihn zeichneten angeblich vor allem körperliche Größe und physische Kraft aus. Der Porträtkopf gibt diesen Eindruck gut wieder: der gespannte Blick suggeriert, dass der Kaiser ein bestimmtes Ziel ins Visier nimmt. Die Wirksamkeit des Porträts resultiert aus der Verbindung kraftvoll modellierter Formen mit einer detailliert linearen Behandlung von Augen, Haar und Bart. Ein Kontrast entsteht zwischen dem schweren hängenden Fleisch unter den Augen sowie im Nacken und den scharf hineingeschnittenen Linien der Falten und des Haaransatzes. Obwohl dieser kompromisslose Stil mit der Porträt-Tradition der Vorgänger bricht, war er doch nicht gänzlich neu: Er bezieht sich auf jene Züge der republikanischen Porträtkunst und der Kaiser aus dem Geschlecht der Flavier, die einem harten ‚Realismus' huldigten."

Abbildung S. 49

Die abgebildete Münze ist Teil der einzigartigen Sammlung Götz Grabert. Mit 55 aurei dokumentiert die Sammlung die Herrschaftszeit aller römischen Kaiser von Augustus bis zur Epoche Constantius II.
Vgl. zu dieser Münze Silvia Mani Hurter, *Kaiser Roms im Münzporträt*, Darmstadt o.J., S. 64: „Die Graveure der Münzstätte Rom kannten offenbar das Aussehen des Kaisers anfänglich nicht [...] Das charakteristische Äußere mit dem betont vorstehenden Kinn und dem eher brutalen Blick findet sich erst auf den Prägungen der Jahre 237 und 238. Die wenigen Rückseiten seiner Münzprägung proklamieren Pax oder erwähnen die Siege in Germanien."

Ü **a** dient insofern einem vertieften Verständnis des Textes, als an ihm die Gegensätze zwischen der Erwartungshaltung des römischen Senats an einen guten Kaiser und dem tatsächlichen Wesen des Maximinus Thrax herausgearbeitet werden.

b und **c** üben aktiv den Jussiv und Hortativ ein.

d und **e** eignen sich gut als schriftliche Hausaufgaben, da hier alle neuen Grammatikerscheinungen zusammengefasst sind.

Sentenz S. 49

Der nicht allzu gehaltvolle Sinnspruch wiederholt ein weiteres Mal den Hortativ und könnte inhaltlich an das Gaudeamus igitur von **e** angebunden werden.

75 Das Zeichen des Siegers

S Gliedsätze als Adverbiale (kausal, konzessiv, adversativ)

E Die E-Sätze beschränken sich bewusst auf die Vorstellung der drei neu zu lernenden Funktionen der Subjunktion cum (kausal, konzessiv, adversativ). Daher ist auch ein Einsatz von E als Ergebnissicherung denkbar. Weitere Subjunktionen, welche die oben genannten Funktionen im Verhältnis zwischen den Aussagen in Haupt- und Nebensatz ausdrücken, werden in L als neuer Wortschatz eingeführt. Bei einer Auflistung aller Subjunktionen sollte zwischen denen mit Konjunktiv und denen mit Indikativ deutlich unterschieden werden.

L Textgrundlage für L ist Laktanz, *de mortibus persecutorum* 44 ff. Der Text ist in vereinfachter und stark geraffter Form so konzipiert, dass er eine lebendige Darstellung der bekannten Szenerie ergibt, wie der spä-

tere Kaiser Konstantin mit Hilfe des christlichen Gottes siegt. Die sich in der Erzählung entwickelnde Spannung beruht auf den drei Weissagungen (Z. 4 f., 10 f., 18). Während Konstantins Gegenspieler Maxentius noch den Sibyllinischen Büchern als den heidnischen antiken Weissagungen vertraut, setzt Konstantin auf den Gott der Christen. Der Erfolg gab ihm Recht: Er erkannte, dass der christliche Glaube eine sichere Stütze und Grundlage für seine geplante Neuorganisation des römischen Reiches sein konnte.
An die Lektüre von L könnte zu resümierender Systematisierung **c** angeschlossen werden.

Abbildung S. 50

Die Münze aus der Regierungszeit des Konstantin (ca. 327 n.Chr.) zeigt eine Standarte mit dem Christogramm, ein Reflex auf die in L wiedergegebene Anekdote des In hoc signo vinces. Vgl. M. Alföldi, *Bild und Bildersprache der römischen Kaiser*, Mainz 1999, S. 191 zu dieser Münze:
„Das kaiserliche vexillum mit dem Christogramm (labarum genannt) trägt auf dem Fahnentuch erhabene Punkte, offenbar, um Kaiserbilder anzudeuten; das Chi-Ro-Monogramm steht übergroß [...] auf dem Querstab, der die Fahne hält. Doch damit nicht genug: das labarum durchsticht eine Schlange. Hinzu kommt die Legende SPES PUBLIC[A], ‚Hoffnung der Allgemeinheit'. Mit dem Drachen, der Schlange, wird schon immer der böse Gegner signalisiert, wer immer dieser im konkreten Fall auch sei. [...] Das labarum steht für den Kaiser selbst - die Bilder der Söhne sind auf dem Fahnentuch angedeutet, über allem erhebt sich siegreich das Christusmonogramm, und die Fahne durchbohrt die böse Schlange als Hoffnung des Imperiums, wie die Legende besagt."

Ü

b wiederholt anhand einfacher hypotaktischer Sätze die Sinnrichtungen von Subjunktionen (kausal, konditional, konzessiv, iterativ).

c vertieft und systematisiert die neu gelernten Sinnrichtungen der entsprechenden Subjunktionen aus L. Die Übung kann, wie oben angedeutet, nach L, aber auch vor der Lektüre von L zur Vorentlastung genutzt werden.

d schärft den Blick des Schülers für die genaue Übersetzung der jeweiligen Subjunktion.

e In dieser als schriftliche Hausaufgabe geeigneten Übung müssen die Schüler die beiden Funktionen von cum als Präposition bzw. Subjunktion auseinander halten und die verschiedenen Sinnrichtungen der Subjunktion (kausal, konzessiv, adversativ, iterativ) erkennen. Inhaltlich beziehen sich die Sätze auf die große Christenverfolgung unter Kaiser Diokletian, die dieser nach 20-jähriger Politik religiöser Toleranz aus heute schwer rekonstruierbaren Gründen anstrengte - wahrscheinlich sah man den Abfall der Christen vom überlieferten Kult als Akt der Illoyalität an. Ab 303 n.Chr. gab Diokletian vier Edikte heraus, in denen er verfügte, dass die christlichen Kirchen abzureißen, die christlichen Schriften zu verbrennen und Christen aus dem staatlichen Dienst zu entfernen seien. Nach dem christlichen Autor Eusebius habe es Tausende von Märtyrern gegeben. Literatur: P. Barcelo, Diocletian, in: M. Clauss (Hrsg.), *Die römischen Kaiser*, München 2001, S. 258 ff., insbesondere S. 267 f.

Sentenz S. 51

Cum sis mortalis, quae sunt mortalia, cura ist eines der *Disticha* bzw. *Dicta Catonis* (II 2). Bei ihnen handelt es sich um ein Handbüchlein der Vulgärethik in Versen, das im 3. Jh. n.Chr. entstanden ist und vor allem im Mittelalter als Schulbuch weite Verbreitung erfuhr.

Abbildung S. 51 oben

Vgl. zu dieser Porphyrgruppe M. Alföldi, *Bild und Bildersprache der römischen Kaiser*, Mainz 1999, S. 146: „Einen eigenartigen Ausdruck hat die Concordia Augustorum, die Eintracht der Kaiser, an der Schwelle zur Spätantike gefunden. Die Porphyrgruppen von je zwei in gleicher Art ausgestatteten Personen sind heute an der Außenecke der Schatzkammer der Basilika S. Marco in Venedig eingebaut. Sie gelangten mit der Beute von 1203/4 aus Byzanz in die Serenissima. Die Aussage der Darstellungen ist unschwer zu erkennen: Alle vier Gestalten sind vollkommen gleich gestaltet, sie sind militärisch gekleidet, tragen das parazonium, das Paradeschwert mit dem Adlerkopf, und eine runde Kappe. Sie sind auch gleich groß; man will auf diese Weise ihre prinzipielle Gleichrangigkeit unterstreichen. Sie sind alle kaiserlichen Ranges, wie dies schon der Porphyr als Werkmaterial zeigt. Je zwei legen sich gegenseitig die Hände auf die Schulter. Es ist eine Geste des Vertrauens, des guten Einvernehmens, aber auch des Schutzes. Die beiden nach rechts blickenden Gestalten tragen Bärte, ein Zeichen höheren Alters, wenn man so will, des Vater-Sohn-Verhältnisses, obwohl dieses schon mit der Blickrichtung nach rechts deutlich genug ist."
Nach Alföldi handelt es sich bei den vier Figuren um die Augusti der sog. Ersten Tetrarchie (293-305): Diokletian und Galerius sowie Maximianus Herculius und Constantius Chlorus. Die Abbildung ist sowohl einzusetzen als Illustration zum Vorspann von L als auch zu **e**.

Abbildung S. 51 unten

Von der ursprünglichen Kolossalstatue des Konstantin sind nur mehr Fragmente erhalten, u.a. der respektheischende Kopf von 2,60 m Höhe. Das Riesenstandbild dürfte in der

Apsis der von Konstantin umgewidmeten Maxentiusbasilika gestanden haben, wo die Reste auch entdeckt wurden. Die Statue sollte übermenschliche Macht versinnbildlichen: Auf Authentizität wurde wenig Wert gelegt. Immerhin zeigen Münzen die gleiche lange Nase und das vorspringende Kinn Konstantins.

76 Hat Rom sich selbst überlebt?

S 1 Gliedsätze als Objekt: Indirekte Fragesätze
2 Consecutio temporum

E Die E-Sätze bieten Beispiele für abhängige Wort-, Satz- und Wahlfragen. (Wortfragen E 1, 3, 4, 5; Satzfrage E 2; Wahlfrage E 6). Da die Einleitungswörter bis auf num und utrum den Schülern längst bekannt sind, kann der Schwerpunkt bei der Besprechung auf dem jeweiligen Zeitverhältnis zwischen der Aussage im Hauptsatz und ihm zugehörigen abhängigen Fragesatz im Lateinischen liegen.
Der Übersicht halber folgen die E-Sätze dem zweigeteilten systematisierenden Schema der Grammatik: E 1-3 stellen die Zeitenfolge in Hauptsätzen mit Präsens bzw. Futur dar (der Imperativ I hat futurische Konnotation!), E 4-6 in Hauptsätzen mit Vergangenheitstempora. Zur vertiefenden Einübung kann **b** angeschlossen werden.

L Der Versuch, die Stimmungslage des Jahres 476 n.Chr., als das Weströmische Reich unterging, mit Hilfe einer lateinischen Wiedergabe einzelner Szenen aus dem Stück *Romulus der Große* des Schweizer Dramatikers Friedrich Dürrenmatt plastisch erstehen zu lassen, mag gewagt und unhistorisch erscheinen. Für das Stück dürfte aber der Satz gelten, der auf jede Anekdote zutrifft: „Wenn sie nicht wahr ist, so ist sie doch gut erfunden." Der Problematik war sich auch Dürrenmatt bewusst, wie der Untertitel der Neufassung von 1980 verrät: „Eine ungeschichtliche historische Komödie".
Wenn Romulus am Anfang den Narren und vertrottelten Hühnerzüchter spielt, ist dies Absicht. Ein Satz aus den Anmerkungen I zu *Romulus der Große* enthüllt dies: „Er [sc. Romulus] spielte [...] den Hanswurst, und seine Umgebung kam nicht darauf, dass auch dieser Unsinn Methode hatte." (zitiert nach der Ausgabe: Fr. Dürrenmatt, *Romulus der Große*, Zürich 1985, S. 119). Die Ruhe und Gelassenheit des Romulus hebt sich deutlich von der Angst und Aufgeregtheit seiner Umgebung ab. Er ist der Einzige, der sich vor den Germanen nicht zu retten versucht, dem scheinbar sicheren Tod sieht er ruhig entgegen. Das Vorbild für diese Haltung dürfte in der Lehre der Stoa zu suchen sein. Eine Anspielung im 1. Akt deutet darauf hin, wenn Romulus das Huhn namens Marc Aurel besonders lobt: „Eine brave Henne, die anderen Kaiser sind nichts wert." (Dürrenmatt, a.a.O., S. 18). Romulus erkennt die Ausweglosigkeit der geschichtlichen Situation. Im Unterschied zu seiner Umgebung, auch seiner Frau Julia, weiß er, dass Widerstand sinnlos, ja verbrecherisch wäre, weil er noch mehr Blutvergießen bedeutete. Im Sieg der Germanen sieht der Kaiser die gerechte Strafe für die Schuld, die Rom im Laufe seiner Geschichte auf sich geladen hat: „Wir haben fremdes Blut vergossen, nun müssen wir mit dem eigenen zurückzahlen." (Dürrenmatt, a.a.O., S. 92). Romulus verfolgt mit seinem närrischen Treiben ein klares Ziel: Rom soll durch sein Nichtstun dem verdienten Untergang zutreiben. Es ist Aufgabe des Lehrers, dieses dem teleologisch-optimistischen Weltbild des vergilischen fatum-Gedankens diametral entgegengesetzte Geschichtsbild Dürrenmatts deutlich zu machen.
Zur historischen Gestalt des Romulus Augustulus als von seinem Vater Iulius Nepos eingesetzter Marionettenkaiser vgl. M. Dettenhofer, in: M. Clauss (Hrsg.), *Die römischen Kaiser*, München 2001, S. 415 ff.
Für dieses Kapitel bietet sich in besonderem Maße fächerübergreifende Zusammenarbeit mit dem Deutschlehrer an. Eine Arbeitsgruppe von Schülern könnte Dürrenmatts Komödie im Original lesen und darüber berichten. Vielleicht können den Schülern sogar Ausschnitte aus dem Stück in einer Video-Fassung zugänglich gemacht werden.

Ü **a** Für diese handlungsorientierte Übung, die in eine szenische Gestaltung von L münden könnte, ist eine intensive Auseinandersetzung mit dem Text unabdingbar.

b übt nicht nur aktiv das neue Grammatikphänomen des indirekten Fragesatzes, sondern auch das der Consecutio temporum. Dabei entsprechen die Sätze 1-4 den E-Sätzen 1-3, in denen die Zeitenfolge in Hauptsätzen mit Präsens dargestellt ist, die Sätze 5 und 6 entsprechen E 4-6 (Hauptsätze mit Vergangenheitstempora).

c kann als grammatische Vorentlastung von L, aber auch als ergebnissichernde Übung nach der Lektüre von L behandelt werden.

d vertieft die in L, Z. 25 vorkommende Konstruktion von opus est mit Ablativ.

e eignet sich als schriftliche Hausaufgabe. Inhaltlich eng an L angeschlossen, stellt die Übung eine Wiederholung zum Hortativ, Jussiv und Optativ dar.

Sentenz S. 53

Die Sentenz stammt aus Horazens Odendichtung (c. 1,9,13) und heißt im Original quid sit futurum cras, fuge quaerere.

77 Ein Franke wird Kaiser der Römer

F ferre

S Satzwertige Konstruktionen (Übersicht)

E Die E-Sätze stellen exemplarisch das neue Verb ferre und seine Komposita vor. Dabei lassen sich leicht an der Parallelisierung mit den analogen Flexionsendungen des Verbs currere sowohl Gemeinsamkeiten (E 2) als auch Eigenheiten der Personenbildung bei ferre (E 3) erschließen. Die Vervollständigung des Paradigmas muss über die Grammatik erfolgen. E 4 führt an einem Beispiel ein Kompositum von ferre und den Perfektstamm dieses Verbs vor. Der Perfektstamm könnte anhand von **c** und **e** eingeübt werden.

L Die letzten beiden Kapitel der Sequenz thematisieren die Person des Frankenkönigs Karl als Symbolfigur für die Anfänge Europas. Textgrundlage für L ist Einhart, *Vita Caroli Magni*, Kap. 6, 27, 28.
Karl der Große hat gegen Ende des 8. Jh.s die politische Einheit des Abendlandes geschaffen. Er war zum Herrscher über fast ganz Europa geworden. Imperium Christianum wird sein Reich, das unter christlichen Vorzeichen stand, in zeitgenössischen Quellen genannt. Karl hatte dem Papst Leo III. die Verteidigung der Kirche nach innen und außen versprochen.
Papst Leo III., ursprünglich Kardinalpriester und Verwalter der päpstlichen Kleiderkammer, genoss wegen des Verdachts auf sittliche Verfehlungen und Ämterschacher einen zweifelhaften Ruf. Innervatikanische Feindschaften eskalierten in einem Attentatsversuch zweier Kurialen, die ihn blenden und seiner Zunge berauben wollten, um ihn amtsunfähig zu machen (vgl. Abbildung S. 54 oben). Das Attentat misslang. Der Papst floh zunächst zum Herzog Winigis nach Spoleto, von dort im Sommer 799 nach Paderborn zu Karl. Gegen Ende des Jahres begleitet eine Gesandtschaft Leo III. nach Rom zurück. Er wurde in Ehren aufgenommen, die Attentäter verhaftet und über die Alpen an den Hof Karls gebracht. Dort erheben sie massive Vorwürfe gegen die Lebens- und Amtsführung des Papstes. Karl berät sich ausgiebig, bevor er Anfang Dezember 800 in Rom eintrifft. Leo III. legt zum Zeichen seiner Unschuld einen Reinigungseid vor einer Versammlung hochrangiger Würdenträger ab.
Karl war über den Status eines Königs hinausgewachsen. Es bedurfte eines zusätzlichen Ranges, um seine besondere Machtfülle zu dokumentieren. So kam es zu der in L geschilderten Kaiserkrönung am Vormittag des 25. Dezember 800 in der Peterskirche. In seiner Darstellung will Einhart den Leser glauben machen, Karl sei gänzlich von dem Ereignis überrascht worden. Doch dürfte die Anfertigung der Kaiserkrone und die Einstudierung der akklamierenden Chöre dem bereits Wochen zuvor in Rom weilenden Karl kaum entgangen sein. Dieter Hägemann (*Karl der Große*, Reinbek bei Hamburg 2003), S. 95: „Lediglich das Prozedere in den einzelnen Schritten der Erhebung mag ohne vorherige präzise Absprache zwischen Papst und König geblieben sein, sodass Karl seinen Ärger nachträglich, wie Einhart berichtet, artikulierte." In den Urkunden wird Karl fortan so bezeichnet:
Serenissimus Augustus a Deo coronatus magnus pacificus imperator, Romanum gubernans imperium, qui et per misericordiam Dei rex Francorum et Langobardorum.
Karl sah in der Erneuerung des Römischen Reiches (Renovatio Romani Imperii) den Höhepunkt seines Lebenswerkes. Er knüpfte an antike römische Traditionen an, stellte sich durchaus in die Reihe der römischen Kaiser und erhob das Lateinische zur Schulsprache. Große Bedeutung hatte für ihn darüber hinaus der Gedanke der christlichen Einheit. Im Herrschertitel wird deutlich, dass er seine Würde als ein von „Gottes Gnaden" übertragenes Amt sah.
Weiterführende Literatur für die Hand des Schülers (auch zur Vorbereitung von themenbezogenen Referaten): G/Geschichte 9/2003 mit dem Hefttitel *Karl der Große. Kaiser des Abendlandes* bzw. das zitierte Buch von Dieter Hägermann.
Neben der Einübung und Vertiefung der Formen von ferre und seinen Komposita bietet L in hinreichender Zahl Möglichkeiten zur Wiederholung der satzwertigen Konstruktionen wie Akkusativ mit Infinitiv, Participium coniunctum und Ablativus absolutus.

Abbildung S. 54 oben

Auf der Buchmalerei erkennt man, wie die beiden Kurialen den am Boden knienden Papst attackieren. Der rotgewandete Attentäter versucht Leo die Zunge abzuschneiden, während der grüngekleidete dessen Kopf festhält.

Abbildung S. 54 unten

Die Krönung Karls durch Leo III. in Alt-St. Peter zu Rom. Miniatur von Jean Fouquet in einer Handschrift der *Grandes Chroniques de France* um 1450. Es handelt sich dabei um die erste künstlerische Wiedergabe der Innengestaltung von Alt-St. Peter.

Abbildung S. 55

Die Pfalzkapelle von Aachen gilt als Meisterwerk karolingischer Architektur. Sie wurde um 790 unter der Leitung des Baumeisters Odo von Metz begonnen und 805 feierlich von Papst Leo III. geweiht. Karl ließ sie mit kostbaren Reliquien, Marmor und Gold ausstatten. Der achteckige Kuppelbau war später die Krönungskirche von 36 deutschen Königen und ist heute das Kernstück des Aachener Domes. Zu einer Pfalz (palatium) gehörten neben der Kapelle ausgedehnte Wirtschaftsgebäude, Stallungen und vor allem ein steinerner Repräsentationsbau, die aula regia, in der Hof- und Gerichtstage abgehalten wurden. Das heutige Rathaus von Aachen steht dort, wo sich einst diese Königshalle befand. Chronisten nannten die Aachener Kaiserpfalz ein zweites Rom (Roma secunda).

Ü **c** und **e** üben nicht nur den Perfektstamm von ferre ein, sondern wiederholen immanent auch den Prohibitiv.

d und **g** sensibilisieren die Schüler für das kontextabhängige Bedeutungsspektrum der Verben tollere bzw. differre.

f wiederholt das Phänomen des Ablativus absolutus mit Partizip Perfekt Passiv am Beispiel der neu eingeführten Komposita von ferre.

h gewährt den Schülern Einblick in die gleichermaßen ökonomische wie transparente lateinische Wortbildung und ihr Fortleben am Beispiel eines französischen Begriffs. Der signifer war der Fahnen- bzw. Standartenträger im römischen Heer. Dazu wurden die tapfersten und kräftigsten Legionäre ausgesucht. Die signiferi wurden auch für andere Aufgaben herangezogen: So führten sie z.B. die Kohortenkassen und nach Vegetius, *de re militari* 3, 20 die Sterbekasse der Legion.

Sentenzen S. 55

Diese sprichwortartige Sentenz geht auf eine Schrift Varros mit dem Titel Nescis, quid vesper serus vehat zurück, wie Gellius 1, 22, 4 überliefert.
Der Spruch relata refero ist die lateinische Übersetzung eines auf den griechischen ‚Vater der Geschichtsschreibung' Herodot zurückgehenden Satzes (VII 152), mit dem er sich von der Glaubwürdigkeit seiner Quelle distanziert und so seinen Willen zu historischer Objektivität bekundet.

78 Karl der Große und die Bildung

F nd-Formen: Gerundium

S Verwendung des Gerundiums

E Zugang zum Charakter des Gerundiums als aktivem Verbalsubstantiv kann leicht über ein Beispiel aus dem Deutschen gefunden werden: ‚zu laufen - das Laufen'. Dabei sollte die Deklinierbarkeit des so entstandenen substantivierten Verbs gezeigt werden: ‚des Laufens, dem Laufen, das Laufen, durch das Laufen'.
Die E-Sätze folgen bewusst der Reihenfolge des bekannten Deklinationsschemas. Der Lehrer sollte darauf hinweisen, dass der Dativ des Gerundiums ungebräuchlich ist.
Das Phänomen kann nun analog an E 1-3 gezeigt werden. Dabei sollte deutlich werden, dass der Genitiv des Gerundiums sowohl von einem Substantiv (E 2) als auch von einem Adjektiv (E 3) abhängen kann.
Am zweiten Satz von E 2 sollte dem Schüler bewusst werden, dass das Gerundium infolge seines verbalen Charakters auch mit Adverbien bzw. Objekten verbunden werden kann.

An E 4 sollten als Ergebnisse gesichert werden, dass der Akkusativ des Gerundiums nur mit Präpositionen vorkommt (vor allem mit ad) und diese Wendung finalen Charakter besitzt (parati ad legendum: ‚bereit, um etwas zu lesen').
E 5 führt den Ablativ des Gerundiums vor. Anhand von Übungen bzw. der grammatikalischen Übersicht wird klar, dass der Ablativ des Gerundiums auch mit den Präpositionen in und de auftreten kann.

L Grundlage für das Kapitel ist Einhart, *Vita Karoli Magni*, Kap. 19 und 25. Der Einstieg in L könnte anhand eines Schülerreferates zum Thema karolingischer Bildungspolitik (z.B. Kapitel „Der Hof der Gelehrten" in G/Geschichte 9/2003) bzw. über den Info-Text geleistet werden.
Eine sinnvolle Form grammatischer Vorerschließung wäre, die Gerundien mit ihren Bezugswörtern vorab herausschreiben zu lassen (vgl. **a** 2). Der erste Abschnitt von L (Z. 1-12) befasst sich mit der persönlichen Bildung Karls und der Unterrichtung seiner Kinder. Der zweite Teil von L (Z. 13 - 25) gibt einen Brief

Karls an die Klostervorsteher wieder, der seine Bemühungen um das Klosterschulwesen und die Wahrung der Bildungstradition verdeutlicht. D. Hägermann bemerkt zur sog. karolingischen Renaissance, *op. cit.*, S. 121:

„Im Zentrum der Bestrebungen stand keinesfalls die Wiederbelebung antiker Formen und Inhalte [...] um ihrer selbst willen, sondern vor allem die Wiedererlangung sprachlicher Kompetenz und stilistischer Ausdruckskraft in einer der drei heiligen Sprachen, des Lateins. Der Kampf galt der merowingischen Verwilderung und damit dem Abgleiten des Lateins in die romanischen Volkssprachen. [...] Im Vordergrund der Bemühungen stand zunächst die Besserung und Reinigung der Sprache - nicht ohne Grund hat man daher häufig von einer „Korrektur", correctio, statt von einer Renaissance gesprochen - als Grundvoraussetzung zur allseitigen Hebung des kulturellen Niveaus. [...] In dieser kulturellen Umbruchstimmung, ja Schulatmosphäre gedieh weder ein neues Athen, wie es sich Karl wünschte, noch ging aus ihr ein zweiter Ovid oder Horaz hervor [...], aber diese sammelnde und verbessernde Tätigkeit legte in Schreibstuben und Klassenzimmern die Grundlage jener mittelalterlichen Latinität, die [...] über das Medium der Religion dem werdenden Abendland, Europa, seinen geistigen Halt und Zusammenhalt, Wissen vor allem, vermittelt hat."

Abbildung S. 56

Die Abbildung zeigt einen Mönch, der sich als Kopist betätigt, in der einen Hand den Griffel, in der anderen das Schabeisen, den „Radiergummi" des Mittelalters. Unter Karls Ägide vermehrte sich die Zahl der Bücher dank fleißiger Kopisten. Jedes Kloster hatte eine eigene Bibliothek mit den Vorlagen.

Abbildung S. 57 oben

Diese Abbildung aus der Bildergeschichte *Eginhard und Emma* von Wilhelm Busch bezieht sich auf die bekannte Anekdote bei Einhart, nach der Karl im fortgeschrittenen Alter sich nächtens mit dem Erlernen des Schreibens abgemüht haben soll. „Diese Fertigkeit gehörte im Gegensatz zum Lesen damals aber nicht zum Bildungskanon des Adels oder gar des Königs." (D. Hägermann, *op. cit.*, S. 124)

Abbildung S. 57 unten

Diese Illustration einer Sammelhandschrift aus dem Stift Hamersleben um 1150/1175 zeigt Karl den Großen zusammen mit Alkuin.

Ü **b** übt das neue Adjektiv plenus ein und stellt es in verschiedenen Kontexten vor, wobei der Schüler auf eine elegante Wiedergabe im Deutschen achten soll.

c ist eine gute Vorübung, um die Bildung des *Gerundiums* in allen Konjugationsklassen aktiv einzuüben.

d übt die Flexibilität des Schülers in der deutschen Wiedergabe von Gerundien, sei es verbal oder nominal (mit Präpositionsausdruck).

e ist eine Übersetzungs- und Unterscheidungsübung, die den Schüler für die jeweils kontextabhängige Auffassung eines Gerundiums mit der Endung -o als Ablativ oder Dativ sensibilisiert.

f ist eine Zuordnungs- und Übersetzungsübung, die sich zur Ergebnissicherung als schriftliche Hausaufgabe empfiehlt.

Sentenzen S. 57

Die Aktualität der Sentenz Nulla aetas ad discendum sera in einer Gesellschaft, die lebenslanges Lernen fordert, braucht nicht eingehend begründet zu werden.
Bei der zweiten Sentenz handelt es sich um das lateinische Pendant des *Learning by doing* - im Übrigen könnte der Lehrer an diesem Beispiel die Übernahme des lateinischen Gerundiums im Englischen aufzeigen.

W3 Lesen mit Felix

S. 58 f.

Der Lesetext wird in der schülermotivierenden Form eines Comics dargeboten. Die von Notker Balbulus stammende Anekdote handelt vom Besuch eines fränkischen Gesandten in Konstantinopel. Kritisiert werden in dieser Geschichte nicht nur die als verschlagen und grausam geltenden ostgriechischen Adligen in Byzanz, sondern auch der König, der sich von ihnen gängeln lässt. Hier findet sich noch ein Reflex der Vorstellung vom Graecus dolosus, wie er seinen Niederschlag etwa in der Figur des trügerischen Griechen Sinon in der *Aeneis* gefunden hat. Deutlich werden in der Anekdote die Ressentiments gegen die Verhältnisse am byzantinischen Hof spürbar, die zwar auf den juristischen und politischen Fundamenten römischer Reichstradition basierten, im Übrigen aber durch griechische und orientalische Elemente bestimmt wurden, sodass Neurom hochmütig auf den Westen und das agreste Latium hinabschaute. Der

Franke besiegt seine Gegner mit ihren Mitteln, indem er sich der formalistischen Erstarrung am Hof zu seinen Zwecken bedient: Sein letzter Wunsch hat Gesetzeskraft wie das völlig unsinnige Tischgesetz der nobiles.
Notker, wegen seines Sprachfehlers Balbulus, der Stammler, genannt, lebte von ca. 840-912. Gleichwohl wurde er zum hervorragenden Lehrer in St. Gallen und zum Begründer und Dichter der lateinischen Sequenzen. Erst 43 Jahre nach dem Tod Karls des Großen hat er die *Gesta* verfasst. Veranlasst hat ihn dazu der Besuch Kaiser Karl III., als der im Dezember 883 drei Tage in St. Gallen nach seinem 4. Zug gegen Italien weilte. Die *Gesta* spiegeln die große Verehrung wider, die Karl der Große im Volk genoss. Historische Ereignisse und Anekdoten stehen bunt gemischt nebeneinander.

W3 Üben mit Felix

S. 60 f.

Auch der Übersetzungstest stammt aus den *Gesta* des Notker Balbulus. In dieser unterhaltsamen Anekdote über eine Schulvisite Karls des Großen werden vor allem der Konjunktivgebrauch im Hauptsatz (Hortativ, Jussiv und Optativ), der Gliedsatz als Adverbiale (kausal, konzessiv, adversativ), der Gliedsatz als Objekt (Indirekter Fragesatz), die Zeitenfolge, die Formen von ferre und das Gerundium wiederholt und vertieft, desgleichen in den Übungen: ⓐ Optativ, Jussiv, Hortativ; ⓑ und ⓒ ferre und Komposita; ⓓ und ⓔ Gerundium; ⓕ Fehlerdiagnose kausaler und konzessiver Gebrauch von cum; ⓖ indirekter Fragesatz und Consecutio temporum.

Abbildung S. 60

Auf die Federzeichnung auf S. 60 sollte der Lehrer unbedingt hinweisen, stellt sie doch geradezu die Illustration der Z. 1-7 des Übersetzungstests dar. Die Klosterschüler stehen in Schlange vor dem ihre Aufzeichnungen respizierenden Karl; während ein Junge dem Kaiser gerade sein Heft überreicht, lesen zwei dahinterstehende Schüler aus ihren Heften vor. Ein Kaiser respiziert Schulhefte: Deutlicher kann die Hochschätzung von Bildung und Erziehung nicht vor Augen geführt werden.

4. Sequenz: Rom überschreitet die Grenzen (L 79-83)

Bei dieser Sequenz handelt es sich um eine fiktive zusammenhängende Reihe von Gesprächen, die fünf römische Ingenieure anlässlich eines gemeinsam zu bewerkstelligenden Bauprojekts (Errichtung eines Aquädukts) in der Provincia Narbonensis in den 30er Jahren des 1. vorchristlichen Jahrhunderts miteinander führen. Die Namen der fünf Dialogpartner sind allesamt historisch bezeugt (vgl. J. Marquardt, *Das Privatleben der Römer*, Band II, S. 718, Anm. 1 und 2 bzw. S. 728, Anm. 1), ihre Charaktere allerdings frei erfunden. Drei von ihnen sind Veteranen aus Cäsars Feldzügen gegen die Gallier, Germanen und Britannier. Die einzelnen Typen seien kurz vorgestellt:

❶ QUINTUS SERVILIUS PUDENS ist ein geduldiger, stets sachlich bleibender und auskunftswilliger Zeitgenosse, der an Cäsars Rheinüberquerung teilgenommen hat.
❷ TITUS FLAVIUS PRIMIO stammt aus Sizilien und ist stolz auf seine Herkunft, nicht zuletzt, weil die Sizilianer Rom gegenüber sich stets vertragstreu gezeigt hätten.
❸ MARCUS TAMPIUS ist die interessanteste, wenngleich am negativsten gezeichnete Figur. Vielleicht hat das damit zu tun, dass er Stadtrömer ist: Er hat mit Cäsar den Ärmelkanal überquert, worauf er sich eine Menge einbildet. Er kann als angeberisch, voreilig, unsensibel, ungeduldig, ja bisweilen sogar als unverschämt charakterisiert werden - als eine Art miles gloriosus.
❹ SEXTUS ATTIUS APOLLINARIS stammt aus Arausio, und
❺ LUCIUS VIBIUS BELLICUS war bei der Belagerung von Alesia dabei.

Auch wenn die Szenerie fiktiv ist, Authentizität braucht ihr keinesfalls abgesprochen zu werden: Sie behandelt ethnographische Sujets wie Sizilien (79), Germanien (80) und Gallien (81, 82) aus den Quellenautoren Cäsar bzw. Tacitus bzw. historische Ereignisse wie Cäsars Überquerungen des Rheins (80) bzw. des Ärmelkanals (83) und die Belagerung von Alesia (82).
Außerdem denke man an eine Persönlichkeit wie den frühkaiserzeitlichen Architekten Vitruv, der als Heeresingenieur unter Cäsar seine ersten Meriten verdiente – vergleichbar den hier dargestellten römischen Baumeistern.

Abbildung S. 65

Der vorrömische Name von Orange, Arausio, ist vielleicht keltisch und bezeichnet eine in einem Heiligtum verehrte Quellgottheit. Das Theater von Orange stammt aus augusteischer Zeit. Das Bild zeigt aus der Perspektive eines Besuchers aus dem Zuschauerrund (cavea) die halbkreisförmige Fläche der Orchestra, die den Zuschauerraum von der Bühne trennt, den hölzernen Spielboden (proscaenium) und dahinter die mächtige Bühnenwand (scaenae frons), vor der nur mehr fragmentarisch Säulenreste stehen, die sich ursprünglich dreigeschossig in die Höhe zogen, wie es etwa im Theater von Sabatha in Libyen noch heute zu sehen ist. Die Repräsentationsfunktion der Bühnenwand wird unterstrichen durch die 3,35 m hohe Augusstusstatue in der Mittelnische. Gut zu erkennen ist die sog. ‚Königstür' (valva bzw. porta regia), so genannt, „vermutlich weil ein derartiger Bühnenhintergrund der Fassade eines palatinischen Gebäudes [...] gleichen sollte, vor der die Kaiser, den Königen der antiken Dramen gleich, ihre Auftritte und Abgänge in Szene setzten." (J. Boardman, *Geschichte der antiken Kunst*, Stuttgart 1997, S. 271). Über das Theater konnten bewegliche Segel zum Sonnenschutz (velaria) gespannt werden.

79 Die erste Provinz: Sizilien

F Adjektive: Steigerung (1)

S Verwendung der Steigerungsformen

E Zur graphischen Verdeutlichung von E 1, der Komparativ und Superlativ am Beispiel des Adjektivs altus einführt, könnte eine dreistufige Treppe an die Tafel gezeichnet und später ins Heft übernommen werden, die die Grundstufen Positiv (altus), Komparativ (altior bzw. altius) und Superlativ (altissimus) optisch sinnfällig und gut einprägbar macht. Die Endungen -ior bzw. -ius für den Komparativ bzw. -issimus, a, um sollten farbig hervorgehoben werden.
Anhand von E 2 und 3 bzw. der Übungen ⓓ und ⓔ können die Komparativ- und Superlativformen dann vertiefend eingeübt werden.
Die Behandlung des E-Textes sollte auf jeden Fall vor der Lektüre von L stehen.

L thematisiert in der Rahmenhandlung eines Dialoges zwischen den drei Ingenieuren Pudens, Tampius und Primio die Insel Sizilien, die als erste Provinz des Römischen Reiches galt. Der erste Sinnabschnitt reicht von Z. 1-11 und handelt von der Ankunft des Sizilianers Primio in der Provincia Narbonensis, wo ihn seine Kollegen in ein Gespräch verwickeln.

Die Z. 12–27 beinhalten Informationen, die der begeisterte Patriot Primio über sein Heimatland Sizilien beisteuert: die Vertragstreue Siziliens zu Rom und die Rolle der sizilischen Stadt Segesta in den Punischen Kriegen als Gegenspielerin Karthagos und Freund Roms. Unterbrochen wird Primio in seinem Monolog von Tampius. Hier bereits sollte der Lehrer auf dessen etwas großsprecherischen Charakterzug hinweisen, wie er sich in seinen wenig respektvollen Einlassungen über Sizilien Z. 18 f. äußert.
Neben der Repräsentanz der neuen Komparativ- und Superlativformen (Z. 6, 11, 14, 17, 21, 23, 24, 26) wird auch die immanente Wiederholung nicht außer Acht gelassen (z.B. Gerundium Z. 3 f., indirekter Fragesatz Z. 10 f., 12 f., Hortativ Z. 29, Komposita von ferre Z. 4 und 24). Als schriftliche Hausaufgabe böte sich etwa der Schlussabschnitt Z. 20-29 an, in dem resümierend alle neuen Grammatikphänomene in häuslicher Arbeit vertiefend eingeübt werden können.

Ü **b** und **c** sind dazu angetan, den Inhalt von L in einen breiten Wissenskontext über Sizilien heute und damals einzubetten. Sinnvoll wären z.B. von Schülern anhand dieser handlungsorientierten Aufgaben erarbeitete Kurzreferate über einzelne Aspekte, die entweder zur Einstimmung vor L oder zur Erweiterung der Thematik nach der Behandlung von L erfolgen können.

d und **e** üben, wie angedeutet, aktiv die Bildungsweise der Komparativ- und Superlativformen ein.

f schärft ausgehend von einem Satz aus L das Bewusstsein der Schüler für die prädikative Übersetzungsmöglichkeit von Substantiven bzw. Adjektiven.

g dient der Übersetzungsschulung, am besten in Form einer schriftlichen Hausaufgabe.

Abbildung S. 66

Von der antiken Stadt Segesta auf Sizilien künden heute nur noch der Tempel und das Amphitheater sowie einige Gebäudereste auf dem Monte Barbaro. Der dorische Tempel wurde wahrscheinlich vom vorgriechischen Volk der Elymer Mitte des 5. Jh.s v.Chr. begonnen, ohne jemals fertig gestellt zu werden, wie die fehlenden Kanneluren (Zierrillen) an den Säulen erkennen lassen. Es handelt sich um einen klassischen griechischen Ringhallentempel mit 6 Säulen an den Schmal- und 14 an den Langseiten. Der Sakralbau weist eine Länge von 61 m sowie eine Breite von 26 m auf und steht mitten in freier Natur.
Johann Wolfgang von Goethe hat diesen Tempel besucht und in seiner *Italienischen Reise* (Eintrag vom 20. April 1787) beschrieben: „[...] Die Nebenseiten haben zwölf Säulen ohne die Ecksäulen, die vordere und hintere Seite sechs mit den Ecksäulen. Die Zapfen, an denen man die Steine transportiert, sind an den Stufen des Tempels ringsum nicht weggehauen, zum Beweis, dass der Tempel nicht fertig geworden. Am meisten zeugt davon aber der Fußboden: derselbe ist von den Seiten herein an einigen Orten durch Platten angegeben, in der Mitte aber steht noch der rohe Kalkfels höher als das Niveau des angelegten Bodens; er kann also nie geplattet gewesen sein. Auch ist keine Spur von innerer Halle. [...] Die Lage des Tempels ist sonderbar: am höchsten Ende eines weiten, langen Tales, auf einem isolierten Hügel, aber doch noch von Klippen umgeben, sieht er über viel Land in eine weite Ferne, aber nur ein Eckchen Meer. Die Gegend ruht in trauriger Fruchtbarkeit, alles bebaut und fast nirgends eine Wohnung. Auf blühenden Disteln schwärmten unzählige Schmetterlinge. Wilder Fenchel stand acht bis neun Fuß hoch verdorret von vorigem Jahr her so reichlich und in scheinbarer Ordnung, dass man es für die Anlage einer Baumschule hätte halten können. Der Wind sauste in den Säulen wie in einem Walde, und Raubvögel schwebten schreiend über dem Gebälke."

80 Neues aus Germanien

F Adjektive: Steigerung (2)

S Vergleich mit quam / Ablativ des Vergleichs

E E 1 und 2 führen in die Ausnahmebildungen des Superlativs mit den Endungen -limus und -rimus ein. Dabei sollte den Schülern die Gesetzmäßigkeit dieser Bildungsweise (-rimus, a, um bei Adjektiven auf -er / -limus, a, um bei einigen Adjektiven auf -lis) deutlich werden. Eingeübt werden könnten diese Formen anhand von **c**.
Mit dem hier erarbeiteten Wissensstand ist bereits eine das neue Phänomen einübende Lektüre des ersten Abschnitts von L, Z.1-13, möglich.
E 3 und 4 sind kontrastiv aufeinander bezogen: E 3 führt den Komparativ mit seinem Bezugswort quam vor, während E 4 die Komparation mit dem Ablativ des Vergleichs zeigt. Die Schüler sollten die Unterschiede genau benennen: In E4 wird das Vergleichsobjekt zum Ablativ, außerdem fällt in dieser Konstruktion das Bezugswort quam weg.
Vertiefend eingeübt werden könnte der Ablativ des Vergleichs in **d**.

L handelt im Rahmen eines Zwiegesprächs zwischen Tampius und Pudens von den Eigenheiten Germaniens,

über die Pudens als Teilnehmer an der Rheinüberquerung Cäsars fachmännisch sprechen kann. Diese Meisterleistung der Ingenieurskunst ist Thema des ersten Abschnitts von Z. 1-13. Hier sollte der Kupferstich mit seiner Rekonstruktion der Rheinbrücke Cäsars thematisiert werden: Gut erkennbar sind die der Brücke vorgelagerten keilförmigen sublicae superiores, die Gegendruck gegen die Strömung ausüben bzw. von den Germanen zu Wasser gelassene Baumstämme von den Brückenpfeilern fernhalten sollten. (Vgl. Caes. *bell. Gall.* 4, 17, 10).
Der zweite Abschnitt (Z. 14-30) ist vor allem ethnographisch ausgerichtet (Land und Leute Germaniens) und stützt sich auf Tacitus' Schrift *Germania*. Wieder tut sich Tampius als vorlauter Schwätzer hervor.
An immanenter Wiederholung findet sich cum causale (Z. 6), Ablativus absolutus (Z. 9 f.), Gerundium (Z. 12), Participium coniunctum (Z. 11, 27).

Ü **a** rückt bewusst die Figur des Tampius in den Focus des Interesses, damit er in seiner sich über die ganze Sequenz hinziehenden Wesensart von den Schülern wahrgenommen wird.

b schult das Auge der Schüler für die genaue Betrachtung und Deutung von Bildinformationen.

c übt aktiv die Bildungsweise der Komparativ- und Superlativformen ein.

d dient der einschleifenden Gewöhnung an das Phänomen des Ablativs des Vergleichs.

e schult die Ausdrucksfähigkeit der Schüler im Deutschen bei der adäquaten Wiedergabe von Superlativformen.

f wiederholt nicht nur den Jussiv, sondern verlangt auch die kontextbezogene Auswahl der jeweils richtigen deutschen Bedeutung bei den polyvalenten Verben praestare, temperare, consulere und providere.

81 Sie zählen nicht die Tage, sondern die Nächte

F Adjektive: Steigerung (3)

E greift inhaltlich die Germanien-Thematik des vorangegangenen Kapitels auf, sodass die Schüler sich aufgrund der Vertrautheit mit dem Sujet vollständig auf die neue Grammatik konzentrieren können.
Anhand der leicht zu durchschauenden hierarchischen Staffelung von E 1 (duces - reges - feminae) lässt sich die unregelmäßige Steigerung am prominenten Beispiel magnus vom Schüler leicht erschließen, desgleichen in E 2 und 3.
Über die Grammatik bzw. **b** und **c** sollten die übrigen Formen komplettiert und eingeübt werden, bevor man an die Übersetzung von L geht.

L führt mit Sextus Attius Apollinaris einen neuen Gesprächspartner ein, der als gebürtiger Gallier seinen Kollegen Tampius und Pudens beredt über die Sitten und Gebräuche seiner Heimat Auskunft geben kann. Der erste Abschnitt (Z. 1-7) ist eine Art Exposition, die das Thema des folgenden Dialogs motiviert. Der Leser erfährt darin zum ersten Mal vom Grund des Aufenthalts der Ingenieure in der Provincia Narbonensis (Z. 1 f.).
Eine Minerva-Statue wird zum Anlass für die Ausführungen des ortskundigen Apollinaris zu den religiösen Vorstellungen seiner Landsleute. So referiert er in Z. 8-17 über den Götterhimmel der Gallier. Aufklären sollte der Lehrer dabei das Sprachspiel mit der grandis natio (Z. 9): Dieser Gedanke lebte in dem patriotischen Begriff der *„grande nation"* weiter, dem Napoleon durch seine Proklamation vom 11. November 1797 beim Verlassen Italiens *„au peuple cisalpin"* allgemeine Verbreitung verschaffte.
In den Z. 18-22 berichtet Apollinaris über die gallische Zeitmessung (vgl. die Überschrift des Kapitels, die jetzt ihre Auflösung findet) bzw. über den Brauch von Menschenopfern. Zwei Einwürfe von Tampius und Pudens beenden das Kapitel. Neben den häufigen Beispielen für das neue Grammatikphänomen der unregelmäßigen Steigerungen (Z. 3, 6, 10, 11, 12, 15, 16, 21) ist auch das Prinzip der immanenten Wiederholung berücksichtigt: Ablativus absolutus (Z. 2) Participium coniunctum (Z. 5, 6), Gerundium (Z. 8, 25 f.), Partizip Futur (Z. 22), Prohibitiv (Z. 23), Superlativ mit Endung -rimus (Z. 3).

Ü **b** Der Übungstyp ist aus beiden Vorgängerbänden bekannt, wird aber angesichts der fortgeschrittenen Möglichkeiten der Schüler in seiner Komplexität gesteigert. Hier werden nicht nur sämtliche Komparativ- und Superlativformen eingeübt, sondern auch die Deklinationen von Substantiven bzw. Adjektiven wiederholt.

c trainiert die aktive Bildung von Komparativ- und Superlativformen.

d eignet sich als Hausaufgabentext, der die verschiedenen Komparativ- und Superlativarten im Satzkontext präsentiert.

82 Freiheit oder ewige Unterdrückung?

F Adverbien: Steigerung

E E 1 führt am Beispiel des Adverbs fortiter die Steigerungskette bei Adverbien vor. Anhand dieser drei Sätze können die Schüler die Regeln für die Steigerung der Adverbien selbst ableiten: Die Komparation ist identisch mit der entsprechenden Neutrumform des Adjektivs, die Bildung des Superlativs der Adverbien entspricht derjenigen der Adjektive der a- / o-Deklination, d.h. mit -e.

E 2 führt ein Beispiel unregelmäßiger Adverbsteigerung vor, das durch die Grammatik bzw. **b** vervollständigt werden muss.

E 3 zeigt die Sonderbedeutung von quam ‚möglichst' in Verbindung mit einem Superlativ auf.

L Mit der Gestalt des Lucius Vibius Bellicus wird wie im vorangegangenen Lesestück eine neue Figur eingeführt. Der Name Bellicus kann als sprechender Name insofern aufgefasst werden, als dieser Mann an der Belagerung Alesias während des bellum Gallicum teilgenommen hat und seinen Gesprächspartnern Pudens und Tampius davon erzählt.

In den Z. 1-5 umreißt Bellicus rückblickend die verzweifelte Lage der belagerten Einwohner von Alesia. In Z. 6-14 gibt Bellicus die Rede des Critognatus vor seinen umzingelten Landsleuten wieder, in denen der Gallierfürst sie zum kompromisslosen Durchhalten bewegen will. Unbedingt lohnenswert erscheint eine Analyse der Rede in Hinblick auf die angewandten stilistischen Mittel und ihren agitatorischen Zweck (Antithese servitus - libertas, Anapher und Klimax nostrum oppidum, nostram patriam, nostram libertatem, affektische (verneinte) Imperative, Stilisierung des Verhaltens der Bewohner von Alesia als Präzedenzfall für ganz Gallien).

In Z. 15-20 erzählt Bellicus auf die interessierte Zwischenfrage des Pudens vom Ende der Belagerung.

Z. 21-24 gehören Tampius, der die Themen der vorangegangenen Kapitel resümiert (Z. 21 f.) und bereits einen Vorverweis auf die Thematik des nächsten Lesestückes, Britannien, gibt. Das Angeberische seines Verhaltens wird einmal mehr in seinem Sprechgestus deutlich und sollte vom Lehrer auch hervorgehoben werden, sofern Schüler dies nicht ohnehin erkannt haben.

Ü **a** Die Schüler werden angehalten, sich die Intention der Critognatus-Rede als Durchhalteappell bewusst zu machen. Critognatus stellt die Bewährung seiner Landsleute bei Alesia als Präzedenzfall für das künftige Schicksal ganz Galliens dar.

b ist geeignet, nach Durchnahme von E die Komparativ- und Superlativformen beim Adverb vertieft einzuüben.

c verlangt von den Schülern die Applikation der grammatischen Metasprache auf den Text und wiederholt zugleich immanent wichtige grammatische Stoffe dieses Lernjahres.

d Dieser nur leicht adaptierte Originaltext aus Cäsars *bellum Gallicum* stellt eine schöne Abrundung des Kapitelthemas dar und sollte zur Motivation der Schüler benutzt werden, indem man ihnen vermittelt, dass sie mit ihrem bisherigen Wissen fast schon die Lektüre von Originaltexten betreiben können.

Abbildung S. 72 oben

Die Landkarte zeigt das laut Cäsars Definition dreigeteilte Gallien: Belgica, Aquitania und Gallia. Erhellend dürfte es sein, wenn der Lehrer eine moderne Frankreichkarte parallel dazu präsentiert. Lutetia entspricht dem heutigen Paris, Burdigala Bordeaux, Lugdunum Lyon und Massilia Marseille.

Abbildung S. 72 unten

Der Avernerfürst Vercingetorix (geboren 82 v.Chr.) rief ganz Gallien zum Widerstand gegen die römischen Eroberer unter Cäsar auf. Er schlug den römischen Feldherrn 52 v.Chr. bei Gergovia, musste sich aber nach Alesia zurückziehen, wo Cäsar ihn einschloss und letztlich zur Kapitulation zwang. Vercingetorix wurde gefangen genommen und im Triumphzug durch Rom geführt. 46 v.Chr. ließ Cäsar ihn im stadtrömischen Kerker umbringen. Der Freiheitskampf gegen ein übermächtiges Besatzerheer und sein Ende machten Vercingetorix zu einem französischen Nationalhelden - ablesbar etwa an Denkmälern wie dem hier abgebildeten in Alise-Sainte-Reine (Alesia), Gemälden wie dem von Lionel-Noël Royer *Vercingétorix jette ses armes aux pieds de César* (Vercingetorix wirft seine Waffen Cäsar zu Füßen) von 1899 und nicht zuletzt der Erfindung der Comicfiguren Asterix und Obelix, die nicht nur ihre Haltung der Résistance, sondern auch die -ix-Endung ihrer Namen Vercingetorix verdanken. Die 14 m hohe Kolossalstatue wurde 1865 auf Betreiben Napoleons III. errichtet und bezeugt nicht nur sein Interesse an keltischer und gallorömischer Geschichte; dass das Bronzeantlitz Anklänge an das Gesicht des Kaisers aufweist, zeigt auch die zeitgenössischen politischen Implikationen des Denkmals auf. Seine Inschrift lautet in Bezugnahme auf Cäsar, *bell. Gall.* 7, 29, 6:

La Gaule unie formant une seule nation, animée d'un même esprit, peut défier l' Univers.

(„Das geeinte Gallien, eine einzige Nation, beseelt von einem gemeinsamen Geist, kann dem Universum die Stirn bieten.")

Nach der Niederlage gegen Preußen-Deutschland 1870/71 erschien Vercingetorix den Franzosen als Vorbild für den Stolz in der Niederlage.
Parallel dazu wird im wilhelminischen Deutschland in Detmold 1875 ein Denkmal für den Römerbezwinger und Cheruskerfürsten Arminius errichtet, angesichts der Rivalität mit Frankreich Symbol nationaler Stärke und Einheit gegen einen äußeren Feind. Vgl. dazu Peter Wolff, *Denkmal im sozialen Raum. Nationale Symbole in Deutschland und Frankreich im 19. Jahrhundert,* Göttingen 1995.
Denkbar gut geeignet zur Motivationssteigerung der Schüler und zur Veranschaulichung des Lektionenthemas ist die ZDF-Sendung aus der Reihe „Sphinx" mit dem Titel *Die letzte Schlacht der Kelten,* die am 14.11.2004 ausgestrahlt wurde und die die Belagerung von Alesia und die Gestalt des Aufständlers Vercingetorix in den Mittelpunkt stellt. Der Film ist über das ZDF beziehbar.

83 Springt endlich, Freunde!

F 1 Verben mit unregelmäßiger Perfektbildung (Besonderheiten)
2 Indefinitpronomen quidam

S Indefinitpronomen quidam: Verwendung

E E 1 und 2 führen das Indefinitpronomen quidam vor. Bei der Übersetzung von E 2 sollte der Schüler auf die Übersetzung von quidam im Plural mit ‚einige' hingewiesen werden. Die Deklination von quidam bietet nichts Neues, wenn die Schüler erkannt haben, dass die Silbe -dam lediglich enklitisch ist, d.h. quidam wie quis / qui dekliniert wird (allerdings mit -n statt -m bei quendam, quandam und quorundam). E 3 führt hier die abschwächende Sonderbedeutung von quidam im Verbund mit einem Adjektiv vor. Die Deklination kann gut über **b** eingeübt werden.

L ist das letzte Kapitel dieser Sequenz, in der Marcus Tampius über seinen militärischen Einsatz unter Cäsar bei der Ärmelkanalüberquerung bramarbasiert und als miles gloriosus gewissermaßen seine Aristie hat. Da Marcus Tampius sich durch seine Einlassungen hinlänglich als angeberischer Besserwisser gezeigt hat, dürften auch die an ihn gerichteten superlativischen Worte des Apollinaris nicht ohne Ironie sein (non solum faber optimus, sed etiam miles fortissimus es), mit denen der Gallier seinen Kollegen zur Erzählung auffordert (Z. 1-3).
Tampius lässt sich die Chance nicht nehmen und holt zu einem langen Monolog aus, der das restliche Kapitel in Beschlag nimmt (Z. 4-27). In den Z. 4-14 schildert Tampius im Rückblick die Abfahrt von Gallien und Landung in Britannien, in den Z. 15-27 das exemplum virtutis des Adlerträgers, dessen mutiges Voranstürmen den Römern den Sieg über die Britannier einträgt. Quelle dafür ist Caesar *bell. Gall.* 4, 25.
Unbedingt sollte das Sprechverhalten des Tampius charakterisiert werden (vgl. **a** !): Vollends offenbart er sich als Angeber in den Z. 4 f., 19 f. und 26 f. Typisch für seine Egozentrik ist der wiederholte Gebrauch des Pronomens ego.
Auch in diesem Kapitel ist neben der Einübung des neuen Grammatikstoffes auf immanente Wiederholung geachtet: Superlativ (Z. 2, 5, 22), Ablativus absolutus (Z. 5, 13, 18), Gerundium (Z. 7), Komparativ (Z. 11), quam mit Superlativ (Z. 17, 21 f.), Participium coniunctum (Z. 23 f.), indirekter Fragesatz (Z. 26 f.).

Abbildung S. 74

Auf der Landkarte entspricht Eburacum dem heutigen York, Camulodunum Colchester und Londinium London.
Eine Landung an der Steilküste von Dover vermied Cäsar, weil er wusste, dass seine Flotte leicht von dort mit Wurfgeschossen hätte bestrichen werden können. Vgl. L, Z. 10 f. und Caesar *bell. gall.* 4, 23, 3: Cuius loci haec erat natura atque ita montibus anguste mare continebatur, uti ex locis superioribus in litus telum adigi posset. Hunc ad egrediendum nequaquam idoneum locum arbitratus ...

Ü **b** ist eine Deklinationsübung zur Wiederholung bzw. Einschleifung der neuen Kasusendungen.

c bietet eine Wiederholungsmöglichkeit der bisher gelernten Pronomina im Kontext.

d macht den Schülern an der lateinischen Herkunft vieler englischer Städtenamen - passend zum Kapitelthema der Römer in Britannien - die (allerdings erst später erfolgte) Besatzung Britanniens durch die Römer augenfällig.

e ergänzt die Informationen von L um eine geographische Komponente. Der Text ist als schriftliche Hausaufgabe geeignet; er übt das neue Indefinitpronomen quidam bzw. unregelmäßige Komparativ- und Superlativformen ein.

Abbildung S. 75

Rekonstruktionszeichnung eines aquilifer des 1. Jh.s n.Chr. Nach den Signalen, die dieser Feldzeichenträger gab, richteten sich die Soldaten. Er trug das heiligste Symbol der Legion, den Legionsadler. Er war der ranghöchste Feldzeichenträger einer Legion. Der aquilifer diente als Ehrenposten für kurz vor der Entlassung stehende verdiente Unteroffiziere (principales).

Der Legionsadler wurde der Legion vom Kaiser verliehen. In Cäsars Tagen war der Adler aus Silber und Gold, im Kaiserreich nur aus Gold. Am Feldzeichen wurden auch die Auszeichnungen angebracht, die der jeweiligen Einheit aufgrund bestimmter militärischer Leistungen verliehen wurden. Im oberen Drittel des abgebildeten Feldzeichens befindet sich die Mauerkrone (corona muralis). Sie wurde dem Soldaten zugesprochen, der als erster die Mauer einer feindlichen Stadt erstiegen hatte.

Der Adler verließ das Lager nur, wenn die ganze Legion ausrückte, also bei Schlachten oder Märschen jeglicher Art. Seine Verwahrung oblag der Obhut der 1. Kohorte, besonders der des primus pilus, des obersten centurio. Der aquilifer trug neben dem Adler als besonderes Kennzeichen über dem Helm ein Tierfell.

Im Lager wurden die Feldzeichen in einem besonderen Raum, im Fahnenheiligtum (sacellum), verwahrt. In diesem gab es für den Legionsadler ein eigenes Heiligtum (aedes aquilae), in dem er bewacht und rituell verehrt wurde.

Der Legionsadler wurde während der Schlachten besonders gut bewacht, denn der Verlust dieses wichtigsten Feldzeichens galt als nicht wieder gut zu machende Schande für die gesamte Legion.

Man könnte die Schüler fragen, wo ihnen in „Latein mit Felix 3" bereits Feldzeichenträger begegnet sind. Der eine oder andere wird sich vielleicht an das Vatikan-Fresko von Giulio Romano auf S. 46 f. erinnern, wo mehrere aquiliferi Kaiser Konstantins adlocutio vor der Entscheidungsschlacht gegen Maxentius lauschen (vgl. dieser Lehrerband S. 30)

W4 Lesen mit Felix

S. 76 f.

Das aus Tacitus' Schrift *Agricola* stammende Lesestück bietet eine neue Form der Texterleichterung, indem komplexere syntaktische Strukturen wie AcI, Gerundium, Partizip mit geschlossener Wortstellung kursiv hervorgehoben sind. Der rhetorisch durchkomponierte Text lädt zu genauer stilistischer Betrachtung ein (vgl. **b**), zum anderen ist er thematisch dazu angetan, unter dem Thema „Imperialismuskritik" mit der Rede des Vercingetorix in 82 L in Bezug gesetzt zu werden (vgl. **c**).

Abbildung S. 76 oben

Die Karte sollte in Beziehung zum Lesetext dieser Seite gesetzt werden: So erkennt man in Caledonia, dem heutigen Schottland, den Mons Graupius, auf dem der Freiheitskämpfer Calgacus seine kriegerische „Bergpredigt" hält. Die isolierte, meerumschlossene Lage der Insel, wie sie Calgacus in Z. 10 f. hervorhebt, wird gut ersichtlich. Hibernia ist das heutige Irland, und die kleine Insel mit Namen Mona ist die heutige Isle of Man.

Abbildung S. 76 unten

Das Foto zeigt den Hadrianswall, an dem entlang von den Römern viele Standlager angelegt wurden, die besonders bei Housesteads, Corbridge und Chesters beeindruckende Spuren hinterlassen haben.

W4 Üben mit Felix

S. 78 f.

In gewohnter Manier werden in Übersetzungstest und Übungen die grammatischen Stoffe dieser Sequenz resümierend wiederholt und vertieft. **a** und **c** befassen sich mit der lateinischen Wortbildung, **d** schult die Präzision des deutschen Ausdrucks, **e** und **f** wiederholen die Bildung der unregelmäßigen Komparativ- und Superlativformen bei Adjektiven bzw. Adverbien, während **g** die bereits bekannte Form der Fehlerdiagnose in Partnerarbeit verlangt.

„Wer Latein kann, kennt sich in Europa aus" S. 80 f.

Die zehn Postkartenmotive mit ihren römischen Sprach- und Baurelikten machen sowohl die geographische Ausdehnung als auch die überzeitliche Dauer des Imperium Romanum augenfällig. Möglicherweise können die Schüler weitere Postkarten beibringen, die im Schaukasten des Klassenzimmers ausgestellt werden können. Die unterstrichenen Wörter sollten auf ihren lateinischen Ursprung hin von den Schülern erschlossen werden, um ihnen einmal mehr die Bedeutung der lateinischen Sprache für die romanische Sprachfamilie vor Augen zu führen.

franz. tour - *lat.* turris
franz. basilique - *lat.* basilica
franz. Sacré Coeur - *lat.* cor sacrum
franz. arènes - *lat.* arena
franz. mont - *lat.* mons
ital. lido - *lat.* litus
ital. isola - *lat.* insula
span. mar - *lat.* mare
span. sol - *lat.* sol
dt. Thermen - *lat.* thermae

5. Sequenz: Wissen und Macht (L 84-88)

Die letzte Sequenz stellt exemplarisch berühmte Persönlichkeiten des Altertums von der griechischen Frühzeit (7. Jh. v.Chr.) bis zum 1. nachchristlichen Jahrhundert vor. Ins Blickfeld geraten der chronologischen Folge nach die griechische Dichterin Sappho (84), der Welteroberer Alexander der Große (85), der Mathematiker Archimedes von Syrakus (86), der römische Politiker Cicero (87), der kaiserzeitliche Philosoph Seneca (88) und der christliche Apostel Paulus (W5).
Auch wenn man spontan geneigt ist, Sappho und Archimedes dem ersten Begriff des zweigeteilten Sequenztitels *Wissen und Macht* zuzuordnen, sollten die Bereiche Wissen und Macht keinesfalls vordergründig als sich ausschließende Sphären verstanden werden: Dass Wissen und Macht häufig Allianzen eingehen (vgl. Francis Bacons Maxime Scientia est potentia), dafür stehen Gestalten wie Alexander der Große, der auf seinen Eroberungszügen regelmäßig Gelehrte in seinem Tross hatte, der rhetorisch geschulte Cicero als Mann von großem politischen Gewicht und der philosophische Schriftsteller Seneca als einflussreicher Berater von Kaiser Nero.

Abbildung S. 82 f.

Wenn die Schüler es nicht ohnehin schon wissen, sollte der Lehrer darauf aufmerksam machen, dass es sich bei der Fotomontage um eine Anspielung auf den berühmten „Walk of Fame" in Hollywood handelt, auf dem zeitgenössischen Prominenten vorwiegend aus der amerikanischen Unterhaltungsbranche ein Denkmal in Form eines beschrifteten Sterns am Boden zuteil wird. In der letzten Lektionseinheit des Buches wird in Analogie dazu an bedeutende Persönlichkeiten des griechischen und römischen Altertums erinnert.

84 Sappho - Dichterin und Erzieherin

F Verben: Deponentien (ā- und ē-Konjugation)

E Auch wenn sich der neue Grammatikstoff Deponentien anhand der E-Sätze deduktiv einführen lässt, erscheint eine vorherige Wiederholung der Passivendungen durchaus sinnvoll.
E 1 stellt das bedeutungsgleiche puto und arbitror nebeneinander. Die Tatsache, dass ein Verb trotz seiner passivischen Endung aktive Bedeutung hat, erschließt das Grundphänomen des Deponens.
E 2 und 3 führen exemplarisch in den Präsens- und Perfektstamm der Deponentien der a-Konjugation ein.
E 4 erleichtert die Einführung der e-Konjugation der Deponentien durch die Parallelform im Aktiv (doceret - tueretur).
E 5 gibt dem Schüler die Möglichkeit, sich selbst anhand der Parallelform doce den Imperativ am Beispiel der Deponentien der e-Konjugation zu erschließen. Dabei sollten beide Endungen -re und -mini als Gesetzmäßigkeiten verdeutlicht und auf ein Deponens der a-Konjugation (z.B. arbitrari) übertragen werden. Da mit arbitrari und vereri zwei Deponentien der a- und der e-Konjugation in E behandelt sind, kann organisch **b** zur Vertiefung angeschlossen werden.

L Außer ihren fragmentarisch erhaltenen Texten ist über die um 630 v.Chr. auf Lesbos geborene Dichterin Sappho nichts bezeugt, sodass Einzelheiten aus ihrem Leben eher legendarisch denn historisch zu nennen sind. Wie ihr Zeit- und Kunstgenosse Alkaios lebte sie als Angehörige des Adels in Mytilene. Nach einer politisch bedingten Emigration nach Sizilien unterrichtete sie auf ihrer Heimatinsel Lesbos in einem religiös fundierten Kreis (griech. thiasos) junge Mädchen aus vornehmen Familien und bereitete sie auf ihre spätere Rolle in der Ehe vor.
Auch wenn sie in Komödie und Prosaschriften wegen angeblich lesbischer Neigungen verspottet wurde, blieb ihr literarischer Ruhm unangefochten. Plato nannte sie die zehnte Muse (*Anthol. Graeca* 9, 506). Entscheidend für ihr Fortleben war, dass Sappho im 3. Jh. v.Chr. von den alexandrinischen Gelehrten in den Kanon der großen Dichter aufgenommen wurde. Römische Dichter wie Catull, Horaz und Ovid verehrten ihre Dichtkunst und wetteiferten mit ihr. Als Beispiele des Fortlebens von Sappho im deutschsprachigen Bereich seien Franz Grillparzers monologisches Drama *Sappho* (1818) genannt, das von Sapphos angeblicher Liebe zum Fährmann Phaon handelt, und die an Ovids 15. Heroidesbrief angelehnte fiktive Rede Sapphos „an die Abschied nehmenden Mädchen auf Lesbos" aus Christine Brückners Buch *Wenn du geredet hättest, Desdemona. Ungehaltene Reden ungehaltener Frauen*, Frankfurt a. M. 1989, S. 51 ff. L lehnt sich übrigens in Sprechhaltung und Motivik daran an. Ein neues Papyrusfragment aus dem Jahre 2004 bescherte der Nachwelt den insgesamt vierten vollständigen Gedichttext der Sappho. Weil er aus der Perspektive der gealterten Frau geschrieben ist und damit als vorzügliche Ergänzung zu L geeignet ist, sei der Text in deutscher Prosafassung von Johan Schloemann hierher gesetzt:

„Ihr, meine Mädchen, strebt hin zu den schönen Gaben der duftenden Musen! / Und hin zur sangesfreudigen, hellklingenden Lyra! // Mir hingegen hat die einstmals zarte Haut das Alter schon / ergriffen. Und weiß ist das Haar geworden. Es war einmal schwarz. // Schwer ist mir mein Lebensgeist geworden, die Knie tragen nicht mehr, / die einst flink waren zum Tanzen, Rehkitzen gleich. // Wie oft stöhne ich über all das. Aber was soll man tun? / Nicht alt zu werden: Das geht nicht, ist man ein Mensch. // Den Tithonus, so geht die Sage, brachte einst die rosenarmige Morgenröte / aus Liebe ... fort zu den äußersten Enden der Erde. // Schön war er und jung; aber dann packte ihn doch / mit der Zeit das graue Alter, ihn, der eine unsterbliche Frau hatte."

(Quelle: SZ vom 25.06.2005).

Weiterführende Literatur zum Thema

- H. Homeyer, *Dichterinnen des Altertums und des frühen Mittelalters*, Paderborn 1979.
- E. Frenzel, *Stoffe der Weltliteratur*, Stuttgart 1992.
- M. Giebel, *Sappho*, Reinbek bei Hamburg 1995 (rororo Bildmonographie)
- B. Patzek, *Quellen zur Geschichte der Frauen*, Band 1, Antike, Stuttgart 2000.

Bereits die Überschrift von L führt Sappho in ihrer Doppelrolle als Erzieherin und Dichterin vor. In dieser Funktion spricht sie in der fiktiven Situation ihre scheidenden Schülerinnen an, wobei sie die gemeinsamen Jahre der Ausbildung Revue passieren lässt (Z. 1-8), dann einen Blick in die Zukunft der Mädchen als Frauen adliger Männer wirft (Z. 9-15), bevor sie mit Hinweis auf die bleibende Erinnerung die traurigen und vor dem neuen Lebensabschnitt ängstlichen jungen Frauen zu trösten sucht (Z. 16-23).
Der inhaltlichen Dreiteilung in Vergangenheit, Zukunft und Gegenwart entsprechen die Tempusformen der Deponentien, die damit ausreichend repräsentiert und sinnvoll kontextualisiert sind. Neben der Einübung der Deponentien wurde auch auf immanente Wiederholung geachtet: Gerundia im Genitiv Z. 1 und Ablativ Z. 5, Hortativ Z. 2, Ablativus absolutus Z. 6, indirekter Fragesatz Z. 16 f., Prohibitiv Z. 20, um nur wesentliche Aspekte zu nennen.

Abbildung S. 84

Hier handelt es sich um eine spätarchaische Metope vom Heraion in Pästum (um 500 v.Chr.), heute im Museo Archeologico, Pästum. Die abgebildeten tanzenden Mädchen schreiten synchron im Rhythmus des Tanzes voran und achten dabei auf eine anmutige Stellung der Hände und Füße, auch den Faltenwurf ihrer Kleider. Diese Gestik ist Inbegriff gesellschaftlicher Anmut.
Vgl. dazu W. Fuchs, *Die Skulptur der Griechen*, München 1993, S. 406: „Hier im dorischen Poseidonia ist um 500 der ionische Einfluss in Gesichtsbildung und Tracht, Chiton und Mantel, überaus deutlich: eine weiche verschmolzene Gestaltung der zarten Oberfläche, kühnes Überschneiden der Figuren."
Die Abbildung ist gut geeignet, die in L (besonders Z. 4 f.) in Sapphos Mädchenkreis geschulten Fähigkeiten vor Augen zu führen.

Ü

b und **d** sind Austausch- und Übersetzungsübungen, die sowohl die Bildungsweise der Deponentien als auch ihre aktive Bedeutung einüben.

c schult die Geläufigkeit der Formenbildung und die Sicherheit der Tempora in Präsens- und Perfektstamm der Deponentien.

e ist eine Unterscheidungsübung, die den Imperativ Singular bzw. die zweite Person Singular der Deponentien einübt.

f ist eine Übersetzungsübung, die sich (vielleicht in zwei Portionen) als schriftliche Hausaufgabe eignet. Inhaltlich befasst sie sich mit einigen Anekdoten aus dem Leben der Sappho (Tod des Vaters, Exil auf Sizilien, Probleme mit Bruder Charaxus).

Abbildung S. 85

Vgl. zu diesem Vasenbild P. Zanker, *Die Maske des Sokrates*, München 1995, S 32: „Alkaios trägt das für Sänger und Flötenspieler chrakteristische lange, fließende Gewand, er blickt konzentriert zu Boden, während er singt (was der Maler durch die aus dem Mund perlenden Kreise ausdrückt). Sappho wendet sich ihm bewundernd zu und bezeugt so die Wirkung seines Gesangs. Hier haben wir übrigens eine der seltenen Darstellungen einer Dichterin vor uns."

85 Alexander - Weltherrscher oder Räuberhauptmann?

F Verben: Deponentien (kons. und ī-Konjugation)

E knüpft inhaltlich an das vorangegangene Kapitel mit dem Sappho-Stoff an. Der Schüler kann sich so voll auf das neue grammatikalische Phänomen konzentrieren.
E 1 führt ein Deponens der konsonantischen Konjugation vor, E 2 eines der ī-Konjugation im Präsens- und Perfektstamm. Leicht erschließbar ist das Phänomen, wenn etwa an der Tafel zwei analoge Verben der entsprechenden Konjugationsklasse mit den in E 1 und E 2 vorkommenden Deponentien sequi und pati parallelisiert würden, etwa accedere und audire.
E 3 zeigt die Verwendung von uti mit Ablativ der besseren Verankerung wegen an gleich zwei Beispielen auf. Zur Vertiefung könnte **b** angeschlossen werden.

L Alexander der Große ist eine Persönlichkeit, die einer ganzen Epoche, dem Hellenimus (323-31 v.Chr.) seinen Stempel aufgeprägt hat. Er galt als sagenhafter Welteroberer, dem spätere Herrscher (auch römische Kaiser, unter ihnen Augustus!) nacheiferten, aber auch als Sinnbild des skrupellosen Machtmenschen. Über die Motive, die Alexander fast die gesamte damals bekannte Welt erobern ließ, spekuliert Egon Friedell: „Alexander hat Energieleistungen vollbracht, die mit allen Mitteln der modernen Technik nicht wiederholt worden sind und noch mehr Bewunderung verdienen als seine Siege in den Schlachten: man denke an den erobernden Vormarsch durch Turkestan, Afghanistan und Belutschistan und dann ins Fünfstromland über starrende Wüsten, reißende Ströme und eingeschneite Hochgebirge; und trotzdem oder vielleicht gerade deshalb hatte er immer etwas von einem Traumwandler. Er handelte wie unter einer fremden Macht, willenlos, aber sicher vorwärtsgetrieben. [...] Es findet sich im sogenannten Alexander-Roman, der fälschlich dem Kallisthenes, dem Hofhistoriographen Alexanders, zugeschrieben wird und im Mittelalter sehr verbreitet war, eine sehr merkwürdige Stelle: Die Brahmanen fragen Alexander: ‚Warum führst du denn so viele Kriege? Musst du denn nicht wieder alles anderen hinterlassen?', und Alexander antwortet: ‚Ich wünschte wohl mit den Kriegen aufzuhören, aber der Gebieter meines Geistes lässt es nicht zu. Wären wir alle eines Sinnes, so wäre die Welt leblos.' Das ist heraklitisch gedacht, aber auch sokratisch: auch Alexander war das Werkzeug eines daimonions, das ihm freilich andere Dinge befahl als dem athenischen Weisen." (zitiert bei: Andreas Patzer, *Streifzüge durch die antike Welt,* München 1995, S. 152 ff.).
Diese Ambivalenz zwischen Bewunderung und philosophisch gestimmter Ablehnung von Alexanders Taten findet ihre Entsprechung in einer Anekdote aus dem römischen Alexanderroman des Curtius Rufus, die Grundlage von L ist.
Ein Skythe, nach griechischer Einschätzung ein Barbar (Z. 1), wirft dem mächtigen makedonischen König zunächst imperialistische Unersättlichkeit vor (Z. 1-5), bevor er die Rechtfertigung für Alexanders Angriff gegen sein Volk entkräftet und seinem Gegner die gefährlichen Konsequenzen seines Tuns aufzeigt (Z. 6-16). Der Schlussappell der Rede (Z. 17-22) stellt Alexander vor die Wahl: entweder Freundschaft und Friede mit den Skythen, oder Feindschaft mit allen Konsequenzen.
Der Text ist inhaltlich hochinteressant, da er eine Umwertung der Sicht auf Alexander (und andere Mächtige) vornimmt. Der scheinbare Barbar entpuppt sich als vernünftigerer Mensch, während der scheinbar zivilisierte Herrscher zum Räuber (Z. 9), ja zum Raubtier mutiert (vgl. Z. 5). Implizit stellt der Skythe auch die Sinnhaftigkeit von Alexanders avaritia (Z. 2) in Frage: Mit seinen Eroberungen handelt er sich statt Ruhe und Frieden stets neue Konflikte ein (Z. 13 f.).
Neben der häufigen Repräsentanz der Deponentien der konsonantischen und der ī-Konjugation in nahezu allen Zeitstufen und von uti mit Ablativ (Z. 14 und 17) kommt auch hier die immanente Wiederholung nicht zu kurz: Ablativus absolutus Z. 10, Komparativ und Ablativ des Vergleichs Z. 12, Prohibitiv Z. 20, indirekter Fragesatz Z. 21 f.

Abbildung S. 86

Das berühmte Alexandermosaik wurde um 100 v.Chr. im Auftrag eines wohlhabenden Bürgers von Pompeji geschaffen und zierte den Fußboden einer ganzen Exedra im Haus des Fauns. Es handelt sich um die sorgfältige Kopie eines früheren Gemäldes wahrscheinlich aus dem späten 4. Jh. v.Chr. Vgl. dazu J. Boardman, *Geschichte der antiken Kunst,* Stuttgart 1997, S. 183:
„Zu den literarisch überlieferten frühhellenistischen Malereien zählen mehrere Alexanderschlachten. Welches dieser Gemälde das Alexandermosaik nachbildete, ist nicht bekannt. Sorgfältig ahmt das Mosaik die karge Vierfarbentechnik des Originals nach, beschränkt sich also auf vier Erdfarben (rot, gelb, schwarz und weiß)."
Der Ausschnitt zeigt Alexander an der Spitze seiner Reiterei in der Schlacht von Issos 333 v.Chr., in der er den zahlenmäßig zwei- bis dreifach überlegenen persischen Gegner durch einen Flankenangriff auf den Großkönig Dareios selbst bezwang.

Ü **a** dient der Vertiefung des Textverständnisses.

ⓑ und ⓓ sensibilisieren die Schüler für die vom Deutschen abweichenden Verbvalenzen lateinischer Deponentien wie uti, sequi und oblivisci.

ⓒ eignet sich z.B. als grammatikalische Vorentlastung für die Lektüre von L.

ⓔ und ⓕ sind Übersetzungsübungen, die sich gut als schriftliche Hausaufgaben eignen. Inhaltlich gehen die Sätze von ⓕ auf Senecas Briefe an Lucilius zurück, in denen Alexander der Große stets als Negativexempel fungiert, v.a. *ep.* 94, 62. Der Text korrespondiert mit der Aussage von L und sollte auch in diesem Bezugsrahmen thematisiert werden.

Sentenz S. 87

Die Sentenz Nemo sine vitiis nascitur stammt von Publilius Syrus.

Abbildung S. 87

Die Münze, eine silberne Tetradrachme aus Memphis (Ägypten), zeigt Alexander als Herkules mit dem typischen Attribut des Löwenkopfes. Da Herkules als der Stammvater des makedonischen Königshauses galt, war es durchaus folgerichtig, den lebenden König seinem mythischen, übermenschlichen Vorfahren anzugleichen.

86 Archimedes von Syrakus

F Verben: Deponentien (Infinitive, Partizipien)

S Partizip Perfekt der Deponentien: Verwendung

E schließt inhaltlich wieder an das vorangegangene Alexander-Kapitel an, sodass die Schüler das Hauptaugenmerk auf die neue Grammatik richten können.
E 1 führt zusammen mit der Parallelform des Partizip Präsens reprehendens sein Pendant bei den Deponentien vor (hortans).
E 2 macht am Beispiel der gleichen Verben und in einem inhaltlich aussagegleichen Satz deutlich, dass auch das Gerundium der Deponentien analog zur Bildungsweise der normalen Verben funktioniert. Die noch ausstehende Form des Partizip Futur bei Deponentien kann entsprechend analog veranschaulicht oder über die Grammatik vervollständigt werden.
E 3 vertieft den Gebrauch des Partizip Präsens bei Deponentien am Beispiel eines Ablativus absolutus. Das bis hier erarbeitete Wissen ließe sich an ⓑ bzw. L, Z. 1-9 weiter vertiefen und einüben.
Die zwei Sätze von E 4 stellen in vergleichender Gegenüberstellung von Perfekt Aktiv (arbitratus est) und Partizip Perfekt (arbitratus) das Phänomen der Gleichzeitigkeit bei Formen des Partizip Perfekt bei einigen Deponentien vor. Die restlichen Formen ratus / veritus und ihre spezifische Übersetzung könnten über die Grammatik eingeführt und an ⓓ eingeübt werden.

L hat zum Inhalt den tragischen Tod des griechischen Mathematikers Archimedes durch einen römischen Soldaten anlässlich der Einnahme von Syracus im 2. Punischen Krieg 212 v.Chr. (vgl. zu den Hintergründen Theodor Mommsen, *Römische Geschichte*, 2. Buch, Kapitel X ‚Der hannibalische Krieg von Cannae bis Zama').

Das in L geschilderte Geschehen ist in eine historisch authentische Rahmenhandlung eingebettet: Cicero rühmte sich, während seiner Zeit als Quästor auf Sizilien 74 v.Chr. im Beisein von Einwohnern der Stadt Syrakus das lange Zeit vergessene Grabmal des berühmtesten Sohnes dieser Stadt entdeckt zu haben (*Tusc. disp. V* 64-66). Die Rede Ciceros an seine Begleiter ist freilich Fiktion. Der Kern der Erzählung vom Tod des Archimedes umfasst die Z. 6-22, während Z. 1-5 und Z. 23-24 die Rahmenhandlung (Cicero als Archäologe) rund 150 Jahre nach diesem Ereignis darstellen. Als sinnvolle Einführung für L ist ein Schülerreferat (vgl. ⓐ) zu Person und Leistungen des Archimedes denkbar.
Der neue Stoff der Nominalformen bei Deponentien ist ausreichend repräsentiert: als Partizip Präsens in Z. 1, 5, 16, als Partizip Futur Z. 7, als Partizip Perfekt Z. 11, als Gerundium Z. 7 und 21, desgleichen das Phänomen der Gleichzeitigkeit beim Partizip Perfekt: Z. 10, 17 und 23.
Immanente Wiederholungen finden sich zu indirekten Fragesätzen (Z. 3 und 4), Ablativus absolutus (Z. 9), Adverbbildung (Z.1 und 18), Deponentien der a- und e-Konjugation (Z. 10 und 24).
Als schriftliche Hausaufgabe eigneten sich die Z. 15-24, da alle neuen Phänomene bereits einmal vorkamen und in häuslicher Arbeit problemlos wiederholt und vertieft werden könnten.

Abbildung S. 88

Die Abbildung zeigt eine zeitgenössische Plastik von Gerhard Thieme, ein Auftragswerk für den Universitätscampus Würzburg, 1978.
Es zeigt den Mathematiker und Philosophen, wie er mit einem Stab mathematische Figuren in den Sand zeichnet. Die

konzentrierte, gedankenversunkene Stimmung des Forschers, die in L angesprochen wird, tritt in diesem Werk plastisch hervor.
Bei den Griechen war es durchaus üblich, Geometrie „im Sand und am Strand" zu betreiben. In einer berühmten Anekdote über den Schiffbruch des Kyrenaikers Aristippos, deren lateinische Fassung bei Vitruv überliefert ist, heißt es: „Aristippus philosophus Socraticus naufragio cum eiectus ad Rhodiensium litus animadvertisset geometrica schemata descripta, exclamavisse ad comites ita dicitur ‚Bene speremus, hominum enim vestigia video'". (Vitruv, *de architectura* V. *praef.* 1).
Die Fähigkeit zu wissenschaftlich-mathematischer Abstraktion wird hier als Proprium menschlicher Existenz erkannt.

Ü **a** Das Internet ist reich an qualitätvollen Seiten über Archimedes, sodass diese Aufgabe leicht zu bewerkstelligen ist. Einige Adressen:
www.mathe.tu-freiberg.de/ ~hebisch/cafe/archimedes.html
www.kl.unibe.ch/kl/ipsla/2001_02/s2/Physiker/Archimedes.htm
www.mcs.drexel.edu/~crorres/Archimedes.html
www.hta-bu.bfh.ch/hta/mat/archimedes.htm

b und **e** schulen die Bildung der verschiedenen Nominalformen von Deponentien der a-, e- und ī-Konjugation.

c sensibilisiert die Schüler für das durch Partizipien jeweils ausgedrückte Zeitverhältnis.

d Diese Transformationsübung weckt das Bewusstsein der Schüler für die Gleichzeitigkeit der Partizip Perfekt-Formen ratus, arbitratus, veritus.

Sentenz S. 89

Die Bedeutung der Sentenz Extra corpus suum est homo, qui irascitur kann am ehesten über das deutsche Pendant des „Außersichseins vor Wut" erschlossen werden. Inhaltlich könnte die Sentenz im Kontext des Kapitels gut angebunden werden an die aus blinder Wut begangene Bluttat des römischen Soldaten an Archimedes.

Abbildung S. 89

Das Mosaik zeigt, wie ein römischer Soldat Archimedes mit barscher Handgeste zu vertreiben sucht, der aber geistesabwesend blickend in seine Forschungen vertieft bleibt. Die Abbildung illustriert sowohl L, Z. 13-16 sowie **d**.
Bei dem Mosaik, das sich im Städelschen Kunstinstitut in Frankfurt am Main befindet, handelt es sich übrigens nach Ansicht mancher Kunsthistoriker nicht um ein römisches Original, sondern um ein antikisierendes Werk aus der Schule bzw. dem Umkreis Raffaels, also aus dem 16. Jh.

87 Die Karriere einer Kichererbse

S Genitivus partitivus

T Einfache Texterschließung (1)

E greift insofern das vorangegangene Kapitel auf, als es Cicero in den Mittelpunkt des Interesses stellt. Der Genitivus partitivus bereitet übersetzungstechnisch keine Probleme.
An E 1 und 2 lässt sich aufzeigen, wie der Genitivus partitivus (oratorum bzw. vitae) die Gesamtheit bezeichnet, von der ein bestimmter Teil (primus bzw. magna pars) genannt wird.
E 3 zeigt das häufige Vorkommen dieses Genitivs bei Maß- und Mengenangaben (multum / plurimum), E 4 sein Vorkommen bei Pronomina wie quis.
Angeschlossen werden könnten zur Vertiefung des Genitivus partitivus die Übungen **b** und **c**.

L zeigt den später berühmten und einflussreichen Redner und Staatsmann Cicero in seinen Anfängen. Textgrundlage ist Plut. *Cic.* 1.
Der erste Abschnitt (Z. 1-9) thematisiert schlaglichtartig die Diskrepanz zwischen der summa dignitas bedeutender römischer Geschlechter und der gens ignobilis des Cicero. Der Lehrer könnte in dem Zusammenhang den Begriff des Emporkömmlings, des homo novus et ignotus, einführen, um Ciceros gesellschaftlichem Status Plastizität zu verleihen. Zugleich wird auch sein prekärer Gesundheitszustand angesprochen.
Der zweite Abschnitt (Z. 10-17) befasst sich zunächst mit dem Aufstiegswillen des jungen Cicero, wie er sich in der Kette von Fragen an sich selbst offenbart, dann mit den Widerständen, die sein Name mit sich bringt. Mit seiner wenig angesehenen Herkunft aus dem Provinzialadel, seiner für einen angehenden Redner schwächlichen Konstitution und seinem den Spott herausfordernden Beinamen spricht eigentlich alles gegen ihn - dieses Fazit aus der bisherigen Lektüre von L sollte der Lehrer ziehen.
Umso bewunderungswürdiger erscheint die Metamorphose (mutatus et conversus, Z. 22) des wenig privilegierten Selfmademan zum geachteten Redner und Staatsmann im letzten Abschnitt (Z. 18-25).

Neben der häufigen Repräsentanz des Genitivus partitivus wurde auf immanente Wiederholung geachtet: Adverbbildung (Z. 7), kausaler Gliedsatz (Z. 7), Prohibitiv (Z. 16 f.), Deponentien (Z. 3, 7, 10, 13, 14, 19), Gerundium (Z. 24).

Abbildung S. 91

Das abgebildete Deckengemälde von Eugène Delacroix befindet sich in der Bibliothek der Französischen Nationalversammlung.
Eugène Delacroix (1798-1863, sein berühmtestes Werk ist das die Französische Revolution verherrlichende Gemälde *La liberté guidant le peuple*, 1830) hat die fünf Kuppeln je einem Thema der Geistesgeschichte gewidmet (*Poésie, Théologie, Législation, Philosophie, Sciences*) und jede der Kuppeln mit jeweils vier antiken Motiven ausgeschmückt.
In der dritten, zentralen Kuppel (*Législation*) finden sich: *Numa und Egeria, Demosthenes, Lykurg* und das abgebildete *Cicero*-Gemälde.
Dargestellt ist Cicero beim Repetundenprozess gegen Lucius Verres, der in den drei Jahren seiner Verwaltung als Proprätor von Sizilien die Insel systematisch ihrer Kunstschätze beraubt hatte.
70 v.Chr. beauftragten die Sikuler Cicero, gegen Verres Anklage wegen Amtsmissbrauchs zu erheben. Ciceros Anklagerede war so fulminant, die Beweislast so erdrückend, dass sein Verteidiger, der berühmte Anwalt Hortensius, aufgab und Verres noch vor Abschluss des Prozesses in die Verbannung ging. Er wurde schuldig gesprochen und zur Zahlung einer Entschädigungssumme von drei Millionen Sesterzen verurteilt.
Den Verres-Prozess evoziert Delacroix durch die männliche Figur (möglicherweise ein Sikuler, also ein Vertreter von Ciceros Mandanten), der als Beweismittel eines der gestohlenen Kunstwerke herbeibringt.

Die temperamentvolle Ausstrahlung des Anklageredners, die Delacroix ins Bild bringt, stellt eine schöne Ergänzung zur augusteischen Porträtbüste Ciceros auf S. 90 dar, die eher die würdevolle Ruhe und Überlegenheit des Staatsmannes reflektiert.

Ü **a** sollte als lexikalische Vorerschließung von L eingesetzt werden.

b und **c** bieten Gelegenheit zur aktiven Einübung des Genitivus partitivus.

d dient der Reflexion wichtiger grammatikalischer Phänomene in L, die auf diese Weise wiederholt werden.

e übt anhand von Leitfragen zu L erste Formen der Texterschließung ein. Neben dem Sachfeld ‚Körper / Gesundheit' (valere, corpus, dolere, collum, vox, valetudo, contentio laterum) im ersten Textdrittel lässt sich der Mittelabschnitt unter das Sachfeld ‚Politik' stellen (honos, dignitas, ad rem publicam accedere, in re publica versari) und der letzte Abschnitt unter das Sachfeld ‚Philosophie / Studium' (philosophi, oratores, studere, ars dicendi, exercere, litterae).

f eignet sich als schriftliche Hausaufgabe und stellt inhaltlich einen reizvollen Kontrast zu L dar: Wird Cicero dort in seinen mühevollen Anfängen gezeigt, so hier als bereits arrivierter Staatsmann, der allerdings weiter mit Widerständen zurechtkommen muss - hier wird die überstandene Verbannung thematisiert. Zu deren Hintergründen vgl. M. Fuhrmann, *Cicero und die römische Republik*, München / Zürich 1991, insbesondere Kapitel 11 ‚Verbannung und Rückkehr'.

88 Essen Wörter Käse?

T Einfache Texterschließung (2)

Die Lektion enthält keinen neuen Stoff aus der Formen- und Satzlehre, sodass man sich die Zeit nehmen kann, exemplarisch an L Texterschließungsverfahren einzuüben.

L Die wesentlichen Informationen, die zum Verständnis des Textes notwendig sind, liefert der deutsche Vorspanntext, der unbedingt gelesen und besprochen werden sollte.
Grundlage von L ist Senecas *ep.* 48, in dem es ihm gegen die Machenschaften der sophistischen Wortdrechsler (vgl. L, Z. 6 f. verba torques) und um die Verteidigung des wahren Gehalts von Philosophie geht.

Der erste Abschnitt (Z. 1-5) handelt von der prinzipiellen Ambivalenz der Redekunst (Z. 2 plus boni an mali) - je nachdem wer sie ausübt. Diese Doppelköpfigkeit der Rhetorik wurde in Rom von Anfang an diskutiert - man denke an die frühe Koppelung der Redekunst mit Ethik im Konzept des vir bonus dicendi peritus und Ciceros Ideal des orator perfectus, des philosophisch gebildeten und damit gegen die negativen Seiten der Rhetorik gefeiten Redners.
Texterschließungssignale in diesem Abschnitt wären z.B. die direkte Anrede im Vokativ (mi Lucili), die die Sprechsituation verdeutlicht und auf die Gattung des Briefes hinweist, und weiter Strukturierungshinweise für den Satzbau wie non solum ... sed etiam (Z. 3 f.).

Der zweite Absatz (Z. 6-17) wendet sich gegen die Sophisten, die Wahres zum Falschen machten. (Z. 8 f.). Seneca nennt drei Beispiele von typisch sophistischen Syllogismen, die zwar auf der Ebene der Worte, nicht aber in der Realität Bestand haben. Ein Syllogismus besteht in der Regel aus drei Sätzen:

1. dem Obersatz, der etwas allgemein Bekanntes formuliert
2. dem Untersatz, der einen Sonderfall aufstellt und
3. dem Schlusssatz, der aus diesen Voraussetzungen die Folgerung zieht.

Nach der Lektüre dieses Abschnitts sollte der Lehrer noch einmal auf die abschätzigen Wertungen Senecas (sententiae obscurae, das Oxymoron ratio stultissima, isti philosophi) hinweisen, die vor dem Hintergrund der Unsinnsschlüsse ihre Rechtfertigung erfahren. Textsignale, auf die man in diesem Abschnitt hinweisen sollte, sind die Anführungszeichen, die den Zitatcharakter der Sentenzen deutlich machen.

Die letzten beiden Abschnitte (Z. 18-22 / 23-26) setzen deutlich die Leistungen echter Philosophie von sophistischer Wortklauberei ab: Bei ihnen handelt es sich um infantile (Z. 18) „Spaßphilosophen", wie Arthur Schopenhauer es vergleichbar verächtlich ausgedrückt hätte. Hervorheben bzw. anhand von **a** herausarbeiten lassen sollte der Lehrer zur Sensibilisierung der Schüler für Textcharakteristika den typisch senecaisch-antithetischen Stil in Z. 18-26: pueri stulti vs. philosophi, res inanes vs. res graves, ludit / deridet als Charakteristikum sophistischer Lehre, tueri / hortari als Proprium echter Philosophie. Auch in diesem Schlusskapitel des Buches findet sich fast in Form eines grammatikalischen Fazits eine Fülle immanenter Wiederholungen: Indirekte Frage (Z. 1 f., 23), Gerundium (Z.1, 3), Genitivus partitivus (Z. 1 f.), Superlativ (Z. 8), Komparativ (Z. 14, 15), Ablativ des Vergleichs (Z. 14).

Abbildung S. 92

Zu dieser Sophistenkarikatur vgl. P. Zanker, *Die Maske des Sokrates*, S. 40: „Auf einem rotfigurigen kleinen Askos stützt sich ein spindeldürres, ausgemergeltes nacktes Männlein mit riesigem Kopf weit vorgebeugt auf seinen dünnen Stock und ist offenbar mit nichts anderem als tiefem Nachdenken beschäftigt [...]. Wahrscheinlich karikiert der Maler hier einen der ‚Meisterdenker' seiner Tage. Der kahle, sich nach allen Seiten ausbeulende Schädel des Männleins birst jedenfalls fast von den vielen schweren Gedanken, die er darin bewegt."

Ü **a** dient mit ihren Leitfragen der genauen inhaltlichen und sprachlich-stilistischen Durchdringung von L. Zu Frage 6: L ist formal ein Brief (persönliche Anrede mi Lucili), zugleich weist er aber auch Elemente eines Dialogs und einer philosophischen Lehrschrift auf. Die Antike betrachtete im Übrigen den Brief als die eine Hälfte eines Dialogs.

b sollte zur terminologischen Vorentlastung von L vorab behandelt werden.

c verlangt von den Schülern etwas Neues, indem die Fremdwörter nicht mehr wie sonst in einen Kontext eingebunden sind, sondern selbst in einem Satz sinnvoll eingebettet werden müssen.

d ist die Wiedergabe senecaischer Philosopheme über die Illusion, durch Reisen das eigene Selbst und Sorgen hinter sich lassen zu können. (Vgl. etwa Sen. *ep.* 104, 13 ff.) In seiner philosophischen Bedeutsamkeit bietet der Text einen schönen Kontrast zu den eitlen Sophistereien aus L. Erleichtert wird die Lektüre durch die kolometrische Einrückung der Gliedsätze und durch den Kursivdruck satzwertiger Konstruktionen.

Abbildung S. 93

Die überaus opulente Buchmalerei stellt die erste Seite eines Codex der *Epistulae ad Lucilium* dar, der um 1500 für den französischen Kardinal von Amboise angefertigt wurde.

Auf der Illustration ist Seneca im gotischen Gelehrtengewand und entsprechender Studierstube zu sehen. Einem Boten, der sich respektvoll nähert, übergibt der Philosoph einen Brief an seinen jungen Freund Lucilius. Dieser ist im Hintergrund zu sehen, wie er einen ebensolchen Brief seines Freundes und Lehrers aufmerksam liest und durchdenkt.

Unter der Miniatur ist der Anfang des ersten Seneca-Briefes über die Flüchtigkeit der Zeit zu erkennen (Die architektonischen Elemente links neben dem Text bilden die Initiale „I" zum ersten Wort des Briefes!):

[I]TA FAC MI LUCILI VIN
dica te tibi: & tempus quod adhuc aut aufere
batur : aut suririebatur : aut excidebat : collige &
serua. Persuade tibi hoc sic esse ut scribo : quaedam
tempora surripiuntur nobis : quaedam subducun
tur : quaedam effluunt. Turpissima tamen est ia
ctura quae per negligentiam fit. & si uolueris atten
dere : maxima pars uitae elabitur male agentibus :
magna nihil agentibus : tota aliud agentib[us]. Que[m]
mihi dabis : qui aliquod precium tempori ponat : qui diem
aestimet : qui intelligat
se quotidie mori? In hoc enim fallimur : quot (!) mortem
non prospicimus : magna || [pars eius iam praeterīt.]

„So handle, mein Lucilius: nimm dich für dich selbst in Anspruch, und die Zeit, die [dir] bis jetzt entweder weggenommen oder entwendet wurde oder einfach verloren ging, halte zusammen und behüte. Sei überzeugt, es ist so, wie ich

schreibe: manche Zeit wird uns entrissen, manche gestohlen, manche verrinnt einfach. Am schimpflichsten dennoch ist ein Verlust, der durch Lässigkeit entsteht. Und, wenn du darauf achten wolltest: der größte Teil des Lebens entgleitet unvermerkt, während man Schlechtes tut, ein großer Teil, während man nichts tut, das ganze Leben, während man Belangsloses tut. Wen wirst du mir zeigen, der irgendeinen Wert der Zeit beimisst, der den Tag zu schätzen weiß, der einsieht, täglich sterbe er? Darin nämlich täuschen wir uns, dass wir den Tod [nicht] vor uns sehen: ein großer [Teil davon ist bereits vorbei.]"
(Sen. *ep.* 1,1,1 f. Übersetzung von M. Rosenbach, Darmstadt 1974)
Bei der Betrachtung dieses Bildes besteht im Unterricht vielleicht Gelegenheit, kurz auf die Problematik der Textüberlieferung vor der Erfindung des Buchdruckes zu sprechen zu kommen.

W5 Lesen mit Felix

S. 94 f.

Die Doppelseite steht unter dem Thema „Redekunst". Außer dem lateinischen Text der Areopagrede des Apostels Paulus, der Grammatikstoffe dieser Sequenz wiederholt, stellen die zwei deutschen Lesetexte moderne und antike Redekunst gegenüber. Dabei könnten die Unterschiede z.B. in tabellarischer Form herausgearbeitet werden.

Abbildung S. 94

Das Bild von Raffael auf S. 94 sollte in Verbindung mit den Texten dieser Seite gebracht werden. Es zeigt Paulus mit beiden erhobenen Armen in bewegtem Redegestus. Seine Zuhörer sind offenkundig in zwei Gruppen einzuteilen: Die einen finden seine Worte plausibel (etwa der zum Applaus anhebende Mann am rechten Bildrand), andere stehen ihm skeptisch bis ablehnend gegenüber, wie ihre Körpersprache verrät - vor allem der auf seinen Stock gestützte und unwirsch dreinschauende Mann und rechts neben ihm der ungnädig zu Boden blickende Vollbartträger.
Raffael (1483-1520) hatte eine führende Stellung am Hofe des Papstes Leo X. inne: Er war Bauleiter der Peterskirche, Konservator der römischen Altertümer und Wandmaler. Während Michaelangelo die Sixtinische Kapelle ausmalte, arbeitete er mit einer wachsenden Mitarbeiterschar an der Ausschmückung der päpstlichen Privatgemächer (Stanzen). Seine Bilder stellen eine Synthese aus antikem und christlichen Erbe dar, wie G. W. F. Hegel in seinen *Vorlesungen über die Ästhetik* von 1835 feststellt. In Raffaels Klassik „vereinigt sich die höchste kirchliche Empfindung für religiöse Kunstaufgaben [...] mit dem gleichen Sinn für die Schönheit der Antike."

Abbildung S. 95

Das Foto zeigt den US-amerikanischen Schauspieler Marlon Brando als Marcus Antonius in der Verfilmung (1953) des Shakespeare-Dramas *Julius Caesar* (1599). Eingefangen ist der Moment, in dem Marcus Antonius seine flammende Leichenrede auf Cäsar hält, mit der er das römische Volk gegen die Cäsarmörder aufzubringen sucht (*„Friends, Romans, countrymen, lend me your ears ...“*, 3. Aufzug, 2. Szene).
Cäsars Testament, das Marcus Antonius als dramatisches Rede-Utensil verwendet, mutet wie ein Dolch an.
„Diese Rede [des Antonius] ..., eine Glanzleistung an demagogischer Rhetorik, die alle Register des echten und gespielten Gefühls, der Ironie und Schmeichelei zieht, gipfelt in der Apotheose Cäsars als eines treuen Freundes und großmütigen Herrschers, der, wie sein Testament beweise, uneigennützig Ruhm und Reichtum für die Römer erworben habe - ein Bild, das sich dem Volk einprägt. Der Mob, der eben noch Brutus zugejubelt hat, reagiert mit wütendem Aufruhr gegen die Verschwörer." (*Kindlers Neues Literaturlexikon,* München 1988, Bd. 15, S. 338)

W5 Üben mit Felix

S. 96 f.

Übersetzungstest wie Übungen wiederholen intensiv die Deponentien. **b**, **c** und **g** sind Konjugationsübungen, die das aktive Beherrschen der Tempusformen trainieren, **a**, **d** und **j** sind Bestimmungs- und Übersetzungsübungen, **e** wiederholt und vertieft die Bildung des Perfektstammes bei den Deponentien. **f** und **h** üben das Partizip bei Deponentien ein, **i** thematisiert die vom Deutschen abweichenden Verbvalenzen der lateinischen Deponentien uti, sequi und oblivisci.

III. Lösungsteil

1. Ausgewählte Lösungen zu den Lektionsübungen

Die folgenden Lösungen zu ausgewählten Übungen sind bewusst in großer Schrift und locker abgesetzt, damit sie ohne größeren Aufwand 1:1 auf Folie kopiert und im Unterricht eingesetzt werden können.

64 **b**
- ☐ ... aedificia iam **ardentia** ...
- ☐ ... pueros et puellas ante templum Apollinis **canentes** ...
- ☐ ... hominibus veniam **petentibus** ...
- ☐ ... animum civium de salute **desperantium** ...

c
- ☐ ... civibus Romanis bello **vexatis** ...
- ☐ ... templa antiqua flammis **deleta** ...
- ☐ ... mores maiorum a nonnullis **neglectos** ...
- ☐ ... statuas in Graecia **collectas** ...
- ☐ ... imperium multis provinciis **auctum** ...

65 **b**
1. ambules, vocent, dem, mutetis, aestimemus, curet
2. teneant, terream, habeas, moneamus, respondeat, rideatis
3. audias, venias, sciatis, sentiamus, reperiant, inveniat
4. agat, capiamus, descendatis, promittant, respicias, vendam
5. praetereamus, transeat, adeatis, abeant, ineam, eas
6. possimus, adsint, sis, absim, possit, possitis
7. velis, malimus, velit, nolitis, malint, nolim

c Opto, ut ...

1. ... statuam Augusti summa cum diligentia **portetis.**
2. ... eam in hoc loco **ponatis.**
3. ... vultum statuae ad solem **vertatis.**
4. ... mecum hoc monumento pulchro **gaudeatis.**

d
1. Cave, **ne** alios verbis malis violes!
2. Nonnulli parentes timent, **ne** liberi libros legere nolint.
3. Magistri dant operam, **ut** liberi multa discant.
4. Metuo, **ne** tibi adesse non possim.
5. Cavete, **ne** spem deponatis!

f
1. Audi, ut **audiaris**!
   Laudate, ut **laudemini**!
   Semper alios iuva, ut ipse **iuveris**!
   Dilige amicos, ut ipse **diligaris**!

2. Nolite amicos deserere, ne ipsi **deseramini**!
   Noli verba parentum neglegere, ne verba tua **neglegantur**!
   Nolite alios terrere, ne ipsi **terreamini**!
   Noli infelices ridere, ne ipse **ridearis**!

66 ⓒ Iam scio, ...

1. ... quot urbes, quot flumina, quot maria toto orbe terrarum **conspexeris.**
2. ... quanta vi in silvis contra homines sceleratos **pugnaveris.**
3. ... quanto honore ex itinere tuo rediens **affectus sis.**
4. ... quot fabulae mirae de te **narratae sint.**
5. ... quam fortem te **praestiteris.**
6. ... cur facta tua a me nondum **laudata sint.**

67 ⓑ

- Utrum vitam malam an **bonam** agitis?
- Utrum existis an **inistis**?
- Fuistine tristis an **laetus**?
- Ridebitis an **flebitis**?
- Utrum oratio brevis an **longa** fuit?
- Habesne paucos amicos an **multos**?
- Vestra an **nostra** culpa est?

68 ⓑ

1. **tace** und **ite** als Imperativ Sg. bzw. Pl. sind die Irrläufer.
2. **volantem** (Part. Präs. Akk. Sg.) und **vendentes** (Part. Präs. Nom. / Akk. Pl.) sind die Irrläufer.
3. **magister** und **iter** sind die Irrläufer. male, vehementer und feliciter sind Adverben.

ⓒ

1. Noli omnia vendere! Ne omnia vendideris!
2. Noli mox redire! Ne mox redieris!
3. Nolite multa negotia agere! Ne multa negotia egeritis!
4. Noli saxa iactare! Ne saxa iactaveris!

e Christiani Deum suum **pie** et **suppliciter** colebant. Seneca philosophus semper **sapienter** agere cupiebat. Ab hoc viro multa **feliciter** facta sunt, multa **egregie** dicta sunt. Etiam nos sententiis eius **vehementer** commovemur. Etiamsi inimici vitam Senecae **aspere** reprehendebant, hoc tamen constat: Is vir **fortiter** de vita decessit.

W1 **a** 1. Ne bestias *crudeliter* **vexaveris**!
2. Ne tam *severe* parvos liberos **spectaveritis**!
3. Ne alios *superbe* **deriseritis**!
4. Ne tam *cupide* cibos **tetigeris**!
5. Ne me *aspere* **reprehenderitis**!
6. Ne tam *vehementer* inter vos **contenderitis**!

b Nos omnes scimus ...
1. ... unde Caligula nomen suum **acceperit**.
2. ... ubi Caligula puer vitam **egerit**.
3. ... quot annos imperator Caligula bene cum senatoribus **rexerit**.
4. ... quando mores imperatoris **mutati sint**.
5. ... cur imperator Caligula nobiles **reprehenderit**.
6. ... quibus modis senatores **violaverit**.

c 1.1 richtig (Beiordnung)
1.2 richtig (kausaler Adverbialsatz)
1.3 Das Genitivobjekt Caligulae ist fälschlich zum Subjekt gemacht.

2.1 permittere ist mit promittere verwechselt, außerdem der Numerus von facta (Plural!) nicht erkannt.
2.2 richtig (konzessiver Adverbialsatz)
2.3 richtig(Relativsatz)

d 1-b, 2-a, 3-e, 4-c, 5-d

e Timeo, ne ...
1. ... magnae curae me **vexent.**
2. ... magister me multa verba discere **iubeat.**
3. ... parentes me **reprehendant.**

Opto, ut ...
1. ... ab amicis **diligar.**
2. ... numquam spem mei **amittam.**
3. ... semper alios iuvare **possim.**

f

hoc	->	**istud** scelus
eam	->	**istam** domum
huius	->	**istius** mercatoris
harum	->	**istarum** amicarum
eis	->	**istis** sententiis
ea	->	**ista** crimina
huic	->	**isti** viro
is	->	**iste** fur

g

1. Fuitne domus Neronis parva an **magna**?
2. Utrum Livia multa an **pauca** artificia possedit?
3. Respexitne Augustus mores maiorum an **neglexit**?
4. Utrum Tiberius vitam felicem an **infelicem** agebat?
5. **Laudavitne** Augustus Claudium mortuum an **vivum**?

69

c PPA

fabri onera **deponentes**

Handwerker, die Lasten ablegen

senes vitam miseram **agentes**

alte Männer, die ein erbärmliches Leben führen

imperator calamitatem **accipiens**

ein Feldherr, der eine Niederlage erleidet

PFA

iuvenes vocem non **audituri**

junge Männer, die die Stimme nicht hören werden / wollen

comites oppidum **relicturi**

Gefährten, die die Stadt verlassen werden / wollen

hospes ad urbem **respecturus**

ein Gast, der zur Stadt zurückschauen wird / will

PPP

signa a duce **data**

Zeichen, die vom Feldherrn gegeben wurden

auxilium **arcessitum**

Hilfe, die herbeigeholt worden ist

naves ventis **impulsae**

Schiffe, die von den Winden angetrieben worden sind.

d 1. ingentes 2. igitur 3. vehemens 4. traditas 5. impulsi

e

Philosophie: philosophia, philosophus, sapientia, disciplina, sermo, magister

Religion: oraculum, sacrum, sacra facere, deus, dea, templum

Sport: corpora exercere, certamen, ludus, victoria, victor, vincere, superare

70 **b**

1. Philosophi verum **quaesituri sunt.**
2. Nonnulli homines vitia sua numquam **perspecturi sunt.**
3. Sermones philosophorum adulescentes **moturi sunt.**
4. Alii adulescentes spem in sententiis philosophorum **posituri sunt.**
5. Alii de vita **desperaturi sunt.**

c

EUROPA	debens	auctum	moniturus
ASIEN	stantes	laudatum	rogaturus
AFRIKA	cultus	ponentes	scripturi
AUSTRALIEN	reperiens	audituri	inventa
AMERIKA	capti	facturus	cupientes

d

Z. 1	**quaesituri**	(nachzeitig, quaerere)
Z. 5	**resistens**	(gleichzeitig, resistere)
Z. 7	**demonstraturus**	(nachzeitig, demonstrare)
Z. 7	**provocaturus**	(nachzeitig, provocare)
Z. 9	**sedens**	(gleichzeitig, sedere)
Z. 11	**incensus**	(vorzeitig, incendere)

71 **c**

puellis ludentibus
nominibus appellatis
aestate ineunte
homine laborante
muliere orante
verbis adiectis

d

tollo	colo	impello
moveo	do	gero
exeo	diligo	decipio
sto		

e 1. **konzessiv**

- ❒ obwohl der Vater die Tochter ermahnt
- ❒ obwohl die Freunde von uns ermahnt worden sind
- ❒ obwohl die Philosophen die jungen Männer ermahnten

2. **temporal**

- ❒ als / während die Bürger den Tempel betraten
- ❒ als / während der Philosoph die Götter verehrte
- ❒ nachdem die Götter von den Bürgern verehrt worden sind

3. **kausal**

- ❒ weil der Kaiser / Feldherr die Friedensbedingungen vernachlässigte
- ❒ weil die Friedensbedingungen vernachlässigt worden waren
- ❒ weil die Feinde die Friedensbedingungen annahmen.

72 **a** Romulus und Remus, Moses

b temporal

1. **nachdem** viele Worte gehört worden sind
2. **als / während** die Diener den König verteidigten
3. **nachdem** die Hoffnung aufgegeben war
4. **als / während** der Senator seine Meinung sagte

konzessiv

1. **obwohl** viele Worte gesagt worden waren
2. **obwohl** die Diener den König verteidigten
3. **obwohl** die Hoffnung aufgegeben worden war
4. **obwohl** der Senator seine Meinung sagte

kausal

1. **weil** viele Worte gesagt worden waren
2. **weil** die Diener den König verteidigten
3. **weil** die Hoffnung aufgegeben worden war
4. **weil** der Senator seine Meinung sagte

modal

1. **wobei / indem** viele Worte gehört worden sind
2. **wobei / indem** die Diener den König verteidigten
3. **wobei / indem** die Hoffnung aufgegeben worden war
4. **wobei / indem** der Senator seine Meinung sagte

(c) Adverbialsatz

1. **nachdem** diese Dinge erkannt worden waren
2. **nachdem** diese Rede gehalten worden war
3. **wobei** keiner Widerstand leistete
4. **als** Lajos herrschte
5. **nachdem** diese Angelegenheit gemeldet worden war
6. **obwohl / nachdem** der Wettkampf beendet worden war

Präpositionalausdruck

1. nach Kenntnis dieser Dinge
2. nach dieser Rede
3. ohne jeglichen Widerstand
4. zur Regierungszeit des Lajos
5. nach Meldung dieser Angelegenheit
6. nach / trotz der Beendigung des Wettkampfes

73 (b) **Ablativus absolutus** in den Wendungen **1, 2, 5**

1. nach Kenntnis dieser Angelegenheit
2. nach Vollendung dieser Taten
3. während diese Angelegenheiten behandelt werden / wurden; während dies behandelt wird/wurde
4. da dies so ist / unter diesen Umständen
5. auf diese Tat hin; nach dieser Tat

d 1. zu Lebzeiten des Konsuln
2. ohne Wissen der Freundin
3. gegen den Willen des Bürgers
4. auf Veranlassung des Philosophen

Plural
1. consulibus vivis
2. amicis ignaris
3. civibus invitis
4. philosophis auctoribus

e ille geht im Italienischen, Spanischen und Französischen in einen Artikel über.

W2 **a** 2: victoria argento parta (vorzeitig)
3: consilio severe inito (vorzeitig)
4: quo dimisso (vorzeitig)
5: iudicibus preces repellentibus (gleichzeitig)

b 1. Abl. des Mittels
2. Abl. des Ortes
3. Abl. bei Präposition in (Frage: *wo?*) Abl. bei Präposition cum
4. Abl. des Mittels
5. egere führt den Abl. mit sich
6. Ablativus absolutus und Abl. des Ausgangspunktes
7. Abl. der Zeit
8. Abl. des Grundes
9. Ablativus absolutus

c 1. Ne verba philosophorum **neglexeritis**!
Nolite verba philosophorum **neglegere**!
2. Ne somno vos **dederitis**!
Nolite vos somno **dare**!
3. Ne **iter** perrexeris!
Noli iter **pergere**!

d temporal **Nachdem** sie diese Worte gesagt hatten, hielten die Beamten ihre öffentlichen Beratungen ab.
Präpositionalausdruck: **Nach** diesen Äußerungen ...

kausal **Weil** sie diese Worte gesagt hatten, ...
Präpositionalausdruck: **Wegen** dieser Äußerungen ...

konzessiv **Obwohl** sie diese Worte gesagt hatten, ...
Präpositionalausdruck: **Trotz** dieser Äußerungen ...

e 1.1 ist falsch, weil es das PFA accepturi als Partizip Präsens Aktiv auffasst und als gleichzeitig zuordnet.

1.2 ist richtig.

1.3 ist falsch, da es das PFA accepturi als Partizip Perfekt Aktiv auffasst und als vorzeitig zuordnet.

2.1 ist falsch, da das Partizip Futur als Prädikatsnomen contentos fore als Partizip Perfekt und vorzeitig aufgefasst wird.

2.2 ist falsch, da das Partizip Futur als Prädikatsnomen contentos fore als Partizip Präsens Passiv und gleichzeitig aufgefasst wird.

2.3 ist richtig.

f

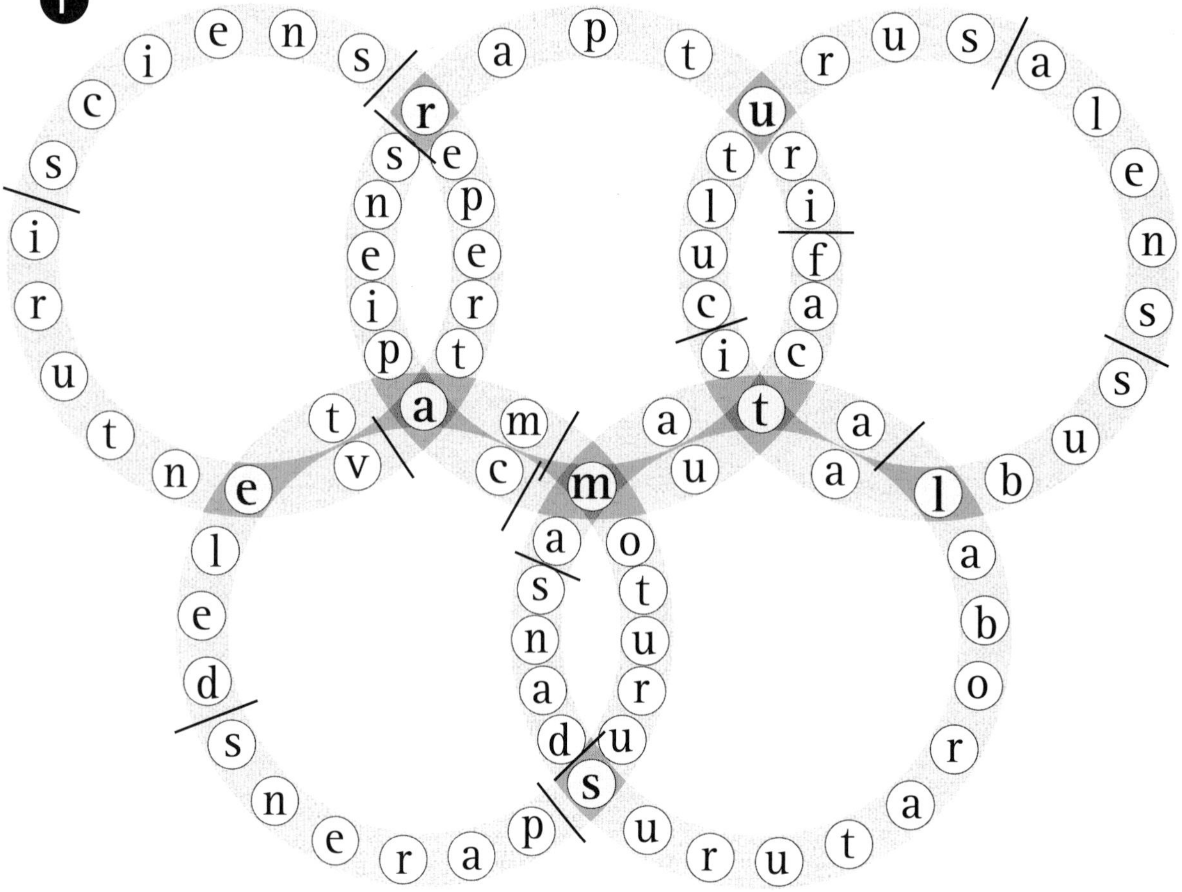

74 **a**

asper et barbarus (Z. 3)	⇔	umgänglich und gebildet
crudeliter (Z. 8)	⇔	milde
furore incensus (Z. 21)	⇔	beherrscht
hominis improbi (Z. 26)	⇔	tüchtig

b Magister ...

1. ... curas liberorum **sentiat.**
2. ... raro liberos **moneat.**
3. ... vitiis eorum **ignoscat.**
4. ... sine ira in ludum **eat.**
5. ... pueros et puellas **iuvet.**
6. ... magna humanitate **sit.**

c

1. Acriter **studeamus!**
2. Libenter **discamus!**
3. Negotia a magistris mandata **perficiamus!**
4. Magna cum laetitia studia **ineamus!**
5. Semper operam **demus!**

d

1. Optativ der Gegenwart (erfüllbar)
2. Hortativ
3. Jussiv
4. Optativ der Vergangenheit (erfüllbar)
5. Optativ der Gegenwart (erfüllbar)
6. Optativ der Vergangenheit (unerfüllbar)
7. Optativ der Gegenwart (erfüllbar)
8. Optativ der Vergangenheit (unerfüllbar)

75

b

1. kausal
2. konditional
3. konzessiv
4. temporal
5. kausal
6. kausal

c

kausale Subjunktionen		
E 1	cum	mit Konjunktiv
Z. 3 f.	propterea quod	mit Indikativ
Z. 6	praesertim cum	mit Konjunktiv
Z. 9	quia	mit Indikativ
Z. 16	cum	mit Konjunktiv
Z. 23	quoniam	mit Indikativ

konzessive Subjunktionen		
E 2	cum	mit Konjunktiv
Z. 1	etsi	mit Indikativ

adversative Subjunktionen		
E 3	cum	mit Konjunktiv
Z. 12	cum	mit Konjunktiv

d

1. Maximinus Thrax Hercules appellatus est, quod summa vi corporis erat.
2. Gordianus sapienter et iuste regebat, cum Maximinus crudeliter se gereret.
3. Cum Maxentius multis militibus imperaret, tamen ab copiis Constantini victus est.
4. Constantinus Christianos iuvit, quia auxilio Dei hostes superaverat.

e 1. kausal (weil)
2. cum als Präposition
3. temporal (nachdem)
4. konzessiv (obwohl)
5. adversativ (während)
6. temporal (als plötzlich)
7. temporal (immer wenn)

76 **b** 1. Narra, quot terras **videris**!
2. Scire volo, quando in patriam **redieris.**
3. Non intellego, cur hodie semper me **reprehendas.**
4. Te interrogo, quid magistro **narraturus sis.**
5. Diu cogitabamus, utrum Romam adituri essemus an domi **mansuri essemus.**
6. Nesciebam, ubi heri **fuisses.**

c Z. 2 Scire volo, utrum gallina 'Augustus' an gallina 'Tiberius' plura ova pepererit. *(Wahlfrage, vorzeitig)*

Z. 6 Non intellcgo, cur ita perlurberis. *(Wortfrage, gleichzeitig)*

Z. 6 f. Dic mihi, utrum nuntii mali an mala facta orbem terrarum exstinguant. *(Wahlfrage, gleichzeitig)*

Z. 10 f. Nonne scis, quomodo anseres quondam Capitolium servaverint? *(Wortfrage, vorzeitig)*

Z. 13 f. Nonne cupis cognoscere causam, cur isti homines barbari Romanos virtute vincant? *(Wortfrage, gleichzeitig)*

Z. 15 f. Iam diu quaero, num cives nostri aliquam spem in pristina virtute Romana ponant. *(Satzfrage, gleichzeitig)*

Z. 19 f. Saepe te interrogabam, cur non fortiter in Germanos pugnares. *(Wortfrage, gleichzeitig)*

Z. 21 Scire velim, quid nunc acturus sis! *(Wortfrage, nachzeitig).*

d

1. Vobis **pecunia** opus est.
2. Omnibus liberis **amicis** opus est.
3. Nobis **libris utilibus** opus est.
4. Militibus **duce forti** opus est.
5. Cunctis hominibus **spe** opus est.
6. Fabris probis **manibus firmis** opus est.

77 **a** Der Tag der Geburt Christi, also Weihnachten.

c

Präsensstamm	Perfektstamm
fero	tuli
feras	tuleris
ferebat	tulerat
afferrent	attulissent
feremus	tulerimus
afferre	attulisse

d
1. Wenn die Römer zu den Göttern beteten, **hoben** sie die Hände zum Himmel.
2. Leo beschloss, Karl mit Ehren zu **erheben.**
3. Die Diebe **entwendeten** heimlich Götterbilder aus dem Tempel.
4. **Erhebt** nicht ein so großes Geschrei!
5. Der Anführer, durch den vortrefflichen Sieg **stolz gemacht,** grüßte das römische Volk.

e
1. Ne negotia in aliud tempus **distuleritis!**
2. Ne liberis timorem **intuleritis!**
3. Ne vim animalibus **attuleritis!**
4. Ne vos in periculum **intuleritis!**
5. Ne iniuriam gravem aequo animo **tuleritis!**

f 1. nuntiis perlatis
2. re in posterum diem dilata
3. bello hostibus illato
4. auxilio equitibus lato

g
- Der Mensch **unterscheidet sich** von den Tieren durch Verstand und Redegabe.
- **Verschiebe** deinen Plan auf eine andere Zeit!

h
- morti - fer -> todbringend
- armi -fer -> waffentragend
- auri -fer -> goldtragend

Der **signi-fer** war der Fahnen- bzw. Standartenträger im römischen Heer.
Ein **somnifère** (somnus und ferre) ist ein Schlafmittel.

78 **a** 2.

Z. 10	ad **recte** vivendum
Z. 11	nullum tempus **illos** docendi omisit
Z. 14 f.	consilium iniit **epistulam** ad abbates mittendi
Z. 17 f.	artem **copiose** scribendi
Z. 20	peritos **studia liberalia** tradendi
Z. 21	**magistros idoneos** deligendo
Z. 23 f.	facultatem **alios** instruendi

b
- ein von Wein volltrunkener Mann
- Vollmond
- eine ausdruckskräftige Stimme
- ein bejahrter Großvater
- Literatur voller Bildung
- vollständige Freude

c

• **laudo**	laudandi	ad laudandum	in laudando
• **rapio**	rapiendi	ad rapiendum	in rapiendo
• **fero**	ferendi	ad ferendum	in ferendo
• **video**	videndi	ad videndum	in videndo
• **adeo**	adeundi	ad adeundum	in adeundo
• **sentio**	sentiendi	ad sentiendum	in sentiendo

d
- die Kunst zu schreiben, die Kunst des Schreibens
- die Freiheit zu spielen, die Freiheit des Spiels
- durch das richtige Lesen von Büchern,
  dadurch, dass man Bücher richtig liest
- bereit, um zu kämpfen, bereit zum Kampf, kampfbereit
- ein im Reden erfahrener Mann
- der Plan, Italien zu verlassen
- über das glückliche Leben erzählen
- den Verstand durch Lernen großziehen
- Lasst uns Zeit zum Nachdenken nehmen!

e

1. Ablativ	2. Ablativ	3. Dativ
4. Ablativ	5. Ablativ	6. Ablativ

f

1. Liberi per magistros **scribere** didicerunt.
2. Aures ad audiendum, oculi **ad videndum,** mens hominis **ad cogitandum** nata est.
3. Vester modus **vivendi** nobis non placet.
4. Multi homines clarum oratorem **audiendi** cupidi erant.
5. Celeriter **eundo** corpus exercetur.
6. Nihil **agendo** officium tuum neglexisti.
7. Avis **ad volandum** nata est.

W3 **a**

1. Optativ der Gegenwart (erfüllbar gedacht)
2. Jussiv
3. Hortativ
4. Optativ der Vergangenheit (unerfüllbar)
5. Jussiv
6. Optativ der Gegenwart (unerfüllbar).

b

portant	→	**ferunt**
portavisti	→	**tulisti**
portatur	→	**fertur**
porta	→	**fer!**
portaris	→	**ferris**
portarem	→	**ferrem**
portabimini	→	**feremini**
portari	→	**ferri**

c perferre → perfero → perferebam → pertuli
→ perferam → perferemus → perferremus

inferre inferunt → inferent → intulerunt
→ intuleras → infertis

differre distulisti → distulisses → distuleris
→ differas → distulisse

d 1.
- ad defendendum (Akk.)
- abeundi (Gen.)
- navigandi (Gen.)
- discendi (Gen.)
- legendi (Gen.)
- parendo (Abl.)

f 1.1 ist falsch, da cum ‚wenn' mit Indikativ stehen würde.

1.2 ist falsch, da cum hier als Präposition aufgefasst ist und zudem parare ‚bereiten' mit parere ‚gehorchen' verwechselt ist, ebenso amicitia ‚Freundschaft' mit amicus ‚Freund'.

1.3 ist richtig.

2.1 ist falsch, da cum als Präposition aufgefasst wird.

2.2 ist richtig.

2.3 ist falsch, weil cum ‚wenn' mit Indikativ konstruiert würde und weil das Neutrum Plural plurima als Maskulinum Plural aufgefasst wird.

g Vos interrogo ...

1. ... utrum dicta an facta pluris **aestimetis.**
2. ... quas urbes **spectaveritis.**
3. ... quando Romam **ituri sitis.**

Liberi nobilium nesciebant ...

4. ... cur Carolus Magnus ludum videre **vellet.**
5. ... quotiens magister ludi liberos ad studendum **monuisset.**
6. ... quando Carolus ludum **relicturus esset.**

79

a
- Ernennung Siziliens zur ersten römischer Provinz
- Beständigkeit der Freundschaft zwischen Sizilien und Rom
- geschichtsträchtige Berühmtheit der sizilischen Stadt Segesta

d

liberi	→	stultiores | stultissimi
consilia amici	→	sapientioris | sapientissimi
via	→	breviore | brevissima
vita regum	→	divitiorum | divitissimorum
animal	→	saevius | saevissimum
flumen	→	latius | latissimum
moenibus	→	altioribus | altissimis
verba	→	graviora | gravissima

e 1. puerum felicem
2. saxa duriora
3. libro noviore (Abl.) / **noviori** (Dat.)
4. tempestate ingentissima

f 1. Der eine lernt **als junger Mensch** viele Dinge, der andere **als alter Mann.**
2. Ich habe diese Stadt **als erster** besucht.
3. Ich habe diese Stadt **als erste** besucht.

80 **c**

auxilium	->	celerius | celerrimum
villa	->	pulchrior | pulcherrima
dolores	->	acriores | acerrimi
munus	->	facilius | facillimum
itinera	->	difficiliora | difficillima
curae	->	similiores | simillimae
rex	->	superbior | superbissimus
clamore	->	ingentiore | ingentissimo

d 1. Nihil utilius est **sole.**
2. Nihil celerius est **vento.**
3. Nihil indignius est **bello.**
4. Facta difficiliora sunt **verbis.**
5. Nihil est gravius in rebus publicis **lege.**
6. Nihil erat Romanis turpius **dolo atque insidiis.**
7. Certe nihil dulcius esse potest **libertate.**

e
- ein steinreicher Kaufmann
- ein blitz- / pfeilschneller Vogel
- eine kinderleichte Arbeit
- eine höllisch schwere (sauschwere) Aufgabe
- eine tonnenschwere Last
- ein strohdummer Mensch
- eine riesengroße Freude
- ein kilometerlanger Strand

81 **c**
1. bonos → meliores → peiores → malos → pessimos → maximos → maiores → minores → minimos
2. fortissimus → simillimus → optimus → acerrimus → altissimus → ingentissimus → facillimus → maximus → pulcherrimus → vehementissimus → turpissimus → divitissimus → constantissimus → minimus → pessimus

82 **b**
1. felicius | felicissime
   peius | pessime
   sapientius | sapientissime
2. contentius | contentissime
   melius | optime
   miserius | miserrime
3. fortius | fortissime
   acrius | acerrime
   constantius | constantissime

c 1. Accusativus cum infinitivo

Z. 2 Qui nobis prodiderunt Gallos [...] condiciones [...] sustinere non posse

Z. 4 Praeterea rettulerunt Critognatum ducem [...] orationem habuisse

2. Participium coniunctum

Z. 17 Galli verbis Critognati impulsi

Z. 18 milites vehementissime pugnantes

3. Ablativus absolutus

Z. 1 oppido acerrime oppugnato

Z. 2 f. omni frumento consumpto

4. Partizip Futur mit esse

Z. 6 dicturus sum

5. Prohibitiv

Z. 13 Ne perdideritis ...

Z. 14 Ne tradideritis ...

6. Gerundium

Z. 9 ad pugnandum

7. Abhängiger Fragesatz

Z. 15 scire velim, utrum Galli se defenderint an se dediderint.

83 **b** -> **quaedam res** | cuiusdam rei | quandam rem | quadam re
-> **aliquid munus** | alicuius muneris | aliquod munus | aliquo munere
-> **eadem condicio** | eiusdem condicionis | eandem condicionem | eadem condicione
-> **nulla occasio** | nullius occasionis | nullam occasionem | nulla occasione
-> **istud discrimen** | istius discriminis | istud discrimen | isto discrimine
-> **hoc iter** | huius itineris | hoc iter | hoc itinere
-> **quidam homo** | cuiusdam hominis | quendam hominem | quodam homine
-> **quoddam nomen** | cuiusdam nominis | quoddam nomen | quodam nomine

d

Greenwich	<- vicus	(Grenovicum / Grenevicum)
Winchester	<- castra	(Guinnii Castrum)
Lincoln	<- colonia	(Lindum Colonia / Lincolonia)
Portsmouth	<- portus	(Portus Magnus)
Newcastle	<- castellum	(Novum Castellum)
Norwich	<- vicus	(Nordovicum / Nortvicus)
Chesterton	<- castra	(Castrodunum)
Ringwood	<- regnum	(Regni Silva)
Ipswich	<- vicus	(Gippevicum)
Manchester	<- castra	(Mamecaestra)

W4

a

actionis *f*	<–	agere
agminis *n*	<–	agere
conspectūs *m*	<–	conspicere
exercitūs *m*	<–	exercere
habitūs *m*	<–	habere
orationis *f*	<–	orare
sumptūs *m*	<–	sumere
nominis *n*	<–	nominare
aditūs *m*	<–	adire
carminis *n*	<–	canere
tecti *n*	<–	tegere
exitūs *m*	<–	exire
cultūs *m*	<–	colere

c

monu | mentum	auxil | ium
merca | tor	amic | itia
diligent | ia	calami | tas
magni | tudo	muni | tio
discri | men	exerci | tus

Weitere Substantive:

cul | tus	ag | men
ora | tio	multi | tudo
facul | tas	inop | ia
laet | itia	sena | tor
vit | ium	orna | mentum

d

res adversae	☐	Unglück
res divinae	☐	Gottesdienst, Opfer
res familiaris	☐	Vermögen
res novae	☐	Umsturz / Neuigkeiten
res gestae	☐	Taten
res publica	☐	Staat
res secundae	☐	Glück
res futurae	☐	Zukunft

e

S: Ego **maior** sum quam tu.
T: Sed soror mea **pulchrior** est quam tua.
S: Mihi autem sunt duae sorores, quae tua **meliores** sunt.
T: Sed **plures** fratres habeo quam tu.
S: Fratrem meum omnibus fratribus tuis **fortiorem** esse scio.
T: Sed pater tuus est **minor** meo.
S: Mihi autem **optima** mater est.

f

1. Itinera **maxima** feci.
2. Flumina **latissima** transii.
3. Animalibus **acerrimis** occurri.
4. Consilia **optima** dedi.
5. **Sapientissime** egi.
6. **Felicissime pugnavi.**
7. **Plurimos** hostes vici.
8. **Celerrime** victoriam peperi.
9. Praedam **ingentissimam** feci.
10. **Maximam** gloriam cepi.

g 1.1 ist falsch, weil der Nominativ plurimi auf das Akkusativobjekt res gestas bezogen wird und tradere ‚überliefern' heißt.

1.2 ist richtig.

1.3 ist falsch, weil tradere ‚überliefern' heißt und das Genitivattribut Romanorum auf posteris statt auf res gestas bezogen wird.

2.1 ist falsch, weil es den Ablativus absolutus parentibus invitis nicht auflöst.

2.2 ist falsch, weil es das Futur von negleget nicht erkennt, auch nicht den Plural von officia.

2.3 ist richtig.

h Die Botschaft lautet:

6	mno	->	O
7	pqrs	->	P
8	tuv	->	T
4	ghi	->	I
6	mno	->	M
3	def	->	E

3	def	->	D
4	ghi	->	I
3	def	->	D
4	ghi	->	I
2	abc	->	C
4	ghi	->	I
7	pqrs	->	S
8	tuv	->	T
4	ghi	->	I

84 **b** 1. Arbitror ...
2. Cur vereris ...
3. ... verebamur.
4. Nonne arbitratus es ...?

c

E 1	arbitror	Präsens Indikativ
E 2	arbitrantur	Präsens Indikativ
E 3	arbitrati sunt	Perfekt Indikativ
E 4	tueretur	Imperfekt Konjunktiv
E 5	tuere	Imperativ
E 5	veremini	Imperativ
Z. 2	arbitror	Präsens Indikativ
Z. 3	confiteor	Präsens Indikativ
Z. 5	imitari	Infinitiv Präsens
Z. 6	mirabamini	Imperfekt Indikativ
Z. 8	versabamur	Imperfekt Indikativ
Z. 12	tuebimini	Futur I
Z. 15	reor	Präsens Indikativ
Z. 16	videmini	Präsens Indikativ
Z. 17	rata sum	Perfekt Indikativ
Z. 20	miratae estis	Perfekt Indikativ
Z. 20	imitatae estis	Perfekt Indikativ

d 1. Plato philosophus **arbitratus est** Sapphum decimam Musam esse, quia praeclara carmina fecerat.
2. Sappho saepe virgines **hortata est,** ut deos **vererentur.**
3. Parentes ei filias mandabant, ut Sappho eas doceret et a vitiis **tueretur.**
4. Haud raro Sappho puellis dixit: „Ne futura **veriti sitis!**“

e 1.
- tuere: Imp. Sg.
- labore: Abl. Sg.
- movere: Inf. Akt.
- aspere: Adverb
- munere: Abl. Sg.
- rere: Imp. Sg.
- tacere: Inf. Akt.
- confitere: Imp. Sg.
- litore: Abl. Sg.
- verere: Imp. Sg.
- flere: Inf. Akt.

2.
- claris: Dat. / Abl. Pl.
- hortaris: 2. Pers. Sg. Präs. Ind. Akt.
- ministris: Dat. / Abl. Pl.
- vereris: 2. Pers. Sg. Präs. Ind. Akt.
- moveris: 2. Pers. Sg. Präs. Ind. Pass.
- maris: Gen. Sg.
- arbitraberis: 2. Pers. Sg. Fut. Akt.

85 **b** 1. Alexander **victoriis** haud bene usus est.
2. **Haec consilia bona** raro sequebatur:
3. Utere parce **vino**!
4. Ne secutus sis **iram tuam**!

c

sequimini	2. Pers. Pl. Präs. Ind.
patior	1. Pers. Sg. Präs. Ind.
passa sum	1. Pers. Sg. Perf. Ind.
patiar	1. Pers. Sg. Fut.
utamur	1. Pers. Pl. Präs. Konj.
utebatur	3. Pers. Sg. Impf. Ind.
loquitur	3. Pers. Sg. Präs. Ind.
profectus es	2. Pers. Sg. Perf. Ind.
aggressi sumus	1. Pers. Pl. Perf. Ind.
persequereris	2. Pers. Sg. Impf. Konj.
aggrediebaris	2. Pers. Sg. Impf. Ind.
experti sunt	3. Pers. Pl. Perf. Ind.
pati	Inf. Präs.
nascetur	3. Pers. Sg. Fut.
utar	1. Pers. Sg. Fut.
uti	Inf. Präs.
aggressurus eris	2. Pers. Sg. Fut. II
experieris	2. Pers. Sg. Fut. I
sequi	Inf. Präs.
oblitus sis	2. Pers. Sg. Perf. Konj.

86 b

monens	hortans	confitens	patiens
monentes	hortantes	confitentes	patientes
ad monendum	ad hortandum	ad confitendum	ad patiendum
moniturus	hortaturus	confessurus	passurus
monendo	hortando	confitendo	patiendo
monenti	hortanti	confitenti	patienti

d 1. Archimedes **veritus,** ne miles figuras in arena scriptas deleret, clamavit: „Noli turbare circulos meos!“
2. Miles **arbitratus** se ab Archimede derideri ira incensus eum necavit.
3. Archimedes non **ratus** periculum sibi instare figuras in arena scribere pergebat.

e 1. Milites Romani ante muros Syracusanorum **versantes** parati erant ad **aggrediendum.**
2. Archimedes figuras in arena **intuens** militem hortum **ingredientem** non animadvertit.
3. Marcellus imperator **veritus,** ne Archimedes interficeretur, eius vitam servari iussit.

87 **b** 1. quis mortal**ium**
2. omnium orato**rum**
3. Magnus numerus e**orum**
4. nimium insidi**arum**
5. plurimum auctoritatis

c

multum laboris	–>	viel Arbeit
paulum temporis	–>	wenig Zeit
quid consilii	–>	welcher Plan?
nihil auxilii	–>	keine Hilfe
aliquid humanitatis	–>	etwas Menschlichkeit
satis virium	–>	genügend Kräfte
magna vis auri	–>	eine Menge Gold
copia frumenti	–>	eine Menge Getreide
minimum pretii	–>	überaus geringer Wert
duo milia hominum	–>	zweitausend Menschen
nihil dignitatis	–>	keine Würde
aliquid novi	–>	etwas Neues

d

1. Z. 2 finales ut
   Z. 6 ut mit Indikativ: ‚wie'
   Z. 8 ut mit Indikativ: ‚wie'
   Z. 13 finales ut
   Z. 22 konsekutives ut

2. Z. 7 cum: kausal
   Z. 9 prasertim si: konditional
   Z. 10 quamquam: konzessiv

4. Z. 18 quibus verbis
5. quantum - tantum | quale - talem | quam - tam

88 **b** Menschheit -> **generi humano** (Z. 23)
Schicksalsschläge -> **casus fortunae** (Z. 25)
Rhetorikstudium -> **studium dicendi** (Z. 1)
die Philosophie lässt sich herab zu -> **philosophia descendit** (Z. 20)
Redekunst -> **arte bene dicendi** (Z. 3)
Worte drechseln -> **verba torques** (Z. 6 f.)

W5 **a**
1. Stultum est **queri** de rebus adversis, ubi est culpa tua.
2. Iudex est lex **loquens.**
3. De inimico non **loquaris** male, sed cogites.
4. **Fatetur** scelus is, qui iudicium fugit.

b obliviscor -> obliviscar -> obliviscebar -> obliviscerer -> obliviscar -> oblitus sum -> oblitus sim -> oblitus eram -> oblitus essem -> oblitus ero

arbitramur -> arbitremur -> arbitrabamur -> arbitraremur -> arbitrabimur -> arbitrati sumus -> arbitrati simus -> arbitrati eramus -> arbitarti essemus -> arbitrati erimus

ingreditur -> ingrediatur -> ingrediebatur -> ingrederetur -> ingredietur -> ingressus est -> ingressus sit -> ingressus erat -> ingressus esset -> ingressus erit

C 1.

Präsens	Futur
loquor et hortor	loquar et hortabor
loqueris et hortaris	loqueris et hortaberis
loquitur et hortatur	loquetur et hortabitur
loquimur et hortamur	loquemur et hortabimur
loquimini et hortamini	loquemini et hortabimini
loquuntur et hortantur	loquentur et hortabuntur

2.

Präsens	Futur
confiteor et imitor	confitebor et imitabor
confiteris et imitaris	confiteberis et imitaberis
confitetur et imitatur	confitebitur et imitabitur
confitemur et imitamur	confitebimur et imitabimur
confitemini et imitamini	confitebimini et imitabimini
confitentur et imitantur	confitebuntur et imitabuntur

3.

Präsens	Futur
proficiscor et sequeris	proficiscar et sequar
proficisceris et sequeris	proficisceris et sequeris
proficiscitur et sequitur	proficiscetur et sequetur
proficiscimur et sequimur	proficiscemur et sequemur
proficiscimini et sequimini	proficiscemini et sequemini
proficiscuntur et sequuntur	proficiscentur et sequentur

d	versati sumus	O	2. Pers. Pl. Perf. Ind. Akt.
	irasceris	O	2. Pers. Sg. Präs. Ind. Akt.
	arbitror	O	1. Pers. Sg. Präs. Ind. Akt.
	arbitrantes	O	Part. Präs. Akt. Nom. Pl.
	hortatus	O	Part. Perf. Akt. 3. Pers. Sg.
	sequemur	O	1. Pers. Pl. Fut. Akt.
	patiar	O	1. Pers. Sg. Fut. Akt.

e
1. Constat multos homines vitia sua queri.
2. Constat antiquis temporibus philosophos a Graecia Romam profectos esse.
3. Constat mulieres, viros, iuvenes, senes templa ingressos esse.

f

1.	filius,	qui matrem diligit
2.	liberi,	qui parentes verentur
3.	iudex,	qui sceleratum hortatus est
4.	puellae,	quae a magistro monitae sunt

g 1.

moneo	hortor
moneant	hortentur
monebat	hortabatur
monebunt	hortabuntur
monete !	hortamini !
monerent	hortarentur
monuisti	hortatus es
monuerant	hortati erant

2.

decederemus	proficisceremur
decedit	profectus est
decesseratis	profecti eratis
decedens	proficiscens
decessissem	profectus essem
decede !	proficiscere
decedent	proficiscentur
ne decesseris !	ne profectus sis !

i 1. Utamur recte tempore nostro!

2. Numquam huius beneficii obliviscar.

3. Sequimini bona consilia!

4. Alexander de laboribus itineris questus non est.

j

Deponentien
R·eris
O·blitus es
M·iramur
A·rbitrantur

Verben im Passiv
A·periuntur
E·reptus es
T·raderis
E·fficitur
R·eferri
N·egleguntur
A·ucti sunt

k 1.1 ist richtig.

1.2 ist falsch, weil afferre mit esse verwechselt wird.

1.3 ist falsch, weil nihil boni mit nullum bonum verwechselt wird.

2.1 ist falsch, weil der relative Satzanschluss quibus verbis nicht erkannt wird und zudem das Adverb recte als attributives Prädikat auf das Dativobjekt arti bezogen wird.

2.2 ist richtig.

2.3 ist falsch, weil das Dativobjekt arti als Ablativ und das Gerundium im Genitiv legendi als Gerundium im Dativ aufgefasst wird.

IV. Tabellarien (Kopiervorlagen)

Adjektive: Komparativ

Sg.

	m	*f*	*n*
Nom.	long-	long-	long-
Gen.	long- -	long- -	long- -
Dat.	long- -	long- -	long- -
Akk.	long- -	long- -	long-
Abl.	long- -	long- -	long- -

Pl.

	m	*f*	*n*
Nom.	long- -	long- -	long- -
Gen.	long- -	long- -	long- -
Dat.	long- -	long- -	long- -
Akk.	long- -	long- -	long- -
Abl.	long- -	long- -	long- -

Pronomina

	Sg. *m*	Sg. *f*	Sg. *n*	Pl. *m*	Pl. *f*	Pl. *n*
Nom.	is					
Gen.						
Dat.						
Akk.						
Abl.						

	Sg. *m*	Sg. *f*	Sg. *n*	Pl. *m*	Pl. *f*	Pl. *n*
Nom.	iste					
Gen.						
Dat.						
Akk.						
Abl.						

	Sg. *m*	Sg. *f*	Sg. *n*	Pl. *m*	Pl. *f*	Pl. *n*
Nom.	hic					
Gen.						
Dat.						
Akk.						
Abl.						

	Sg. m	Sg. f	Sg. n	Pl. m	Pl. f	Pl. n
Nom.	ille					
Gen.						
Dat.						
Akk.						
Abl.						

	Sg. m	Sg. f	Sg. n	Pl. m	Pl. f	Pl. n
Nom.	ipse					
Gen.						
Dat.						
Akk.						
Abl.						

	Sg. m	Sg. f	Sg. n	Pl. m	Pl. f	Pl. n
Nom.	īdem					
Gen.						
Dat.						
Akk.						
Abl.						

	Sg. *m*	Sg. *f*	Sg. *n*	Pl. *m*	Pl. *f*	Pl. *n*
Nom.	quī					
Gen.						
Dat.						
Akk.						
Abl.						

	Sg. *m*	Sg. *f*	Sg. *n*	Pl. *m*	Pl. *f*	Pl. *n*
Nom.	quis					
Gen.						
Dat.						
Akk.						
Abl.						

	Sg. *m*	Sg. *f*	Sg. *n*	Pl. *m*	Pl. *f*	Pl. *n*
Nom.	aliquī					
Gen.						
Dat.						
Akk.						
Abl.						

	Sg. *m*	Sg. *f*	Sg. *n*	Pl. *m*	Pl. *f*	Pl. *n*
Nom.	aliquis					
Gen.						
Dat.						
Akk.						
Abl.						

	Sg. *m*	Sg. *f*	Sg. *n*	Pl. *m*	Pl. *f*	Pl. *n*
Nom.	quīdam					
Gen.						
Dat.						
Akk.						
Abl.						

Verben

Konjunktiv Aktiv

	ā-Konjugation	ē-Konjugation
Präsens		
1. Pers. Sg.	voc- -	mone- -
2. Pers. Sg.	voc- -	mone- -
3. Pers. Sg.	voc- -	mone- -
1. Pers. Pl.	voc- -	mone- -
2. Pers. Pl.	voc- -	mone- -
3. Pers. Pl.	voc- -	mone- -

Perfekt

1. Pers. Sg.	vocāv-	monu-
2. Pers. Sg.	vocāv-	monu-
3. Pers. Sg.	vocāv-	monu-
1. Pers. Pl.	vocāv-	monu-
2. Pers. Pl.	vocāv-	monu-
3. Pers. Pl.	vocāv-	monu-

Konjunktiv Aktiv

	ī-Konjugation	kons. Konjugation
Präsens		
1. Pers. Sg.	audi- -	ag- -
2. Pers. Sg.	audi- -	ag- -
3. Pers. Sg.	audi- -	ag- -
1. Pers. Pl.	audi- -	ag- -
2. Pers. Pl.	audi- -	ag- -
3. Pers. Pl.	audi- -	ag- -

Perfekt		
1. Pers. Sg.	audīv-	ēg-
2. Pers. Sg.	audīv-	ēg-
3. Pers. Sg.	audīv-	ēg-
1. Pers. Pl.	audīv-	ēg-
2. Pers. Pl.	audīv-	ēg-
3. Pers. Pl.	audīv-	ēg-

Konjunktiv Aktiv

	i-Erweiterung	Hilfsverb
Präsens		
1. Pers. Sg.	capi- -	s- -
2. Pers. Sg.	capi- -	s- -
3. Pers. Sg.	capi- -	s- -
1. Pers. Pl.	capi- -	s- -
2. Pers. Pl.	capi- -	s- -
3. Pers. Pl.	capi- -	s- -

Perfekt

1. Pers. Sg.	cēp-	fu-
2. Pers. Sg.	cēp-	fu-
3. Pers. Sg.	cēp-	fu-
1. Pers. Pl.	cēp-	fu-
2. Pers. Pl.	cēp-	fu-
3. Pers. Pl.	cēp-	fu-

Konjunktiv Passiv

Präsens

	ā-Konjugation	ē-Konjugation
1. Pers. Sg.	voc- -	mone- -
2. Pers. Sg.	voc- -	mone- -
3. Pers. Sg.	voc- -	mone- -
1. Pers. Pl.	voc- -	mone- -
2. Pers. Pl.	voc- -	mone- -
3. Pers. Pl.	voc- -	mone- -

Perfekt

	ā-Konjugation	ē-Konjugation
1. Pers. Sg.	vocā-	moni-
2. Pers. Sg.	vocā-	moni-
3. Pers. Sg.	vocā-	moni-
1. Pers. Pl.	vocā-	moni-
2. Pers. Pl.	vocā-	moni-
3. Pers. Pl.	vocā-	moni-

Konjunktiv Passiv

	ī-Konjugation	kons. Konjugation
Präsens		
1. Pers. Sg.	audi- -	ag- -
2. Pers. Sg.	audi- -	ag- -
3. Pers. Sg.	audi- -	ag- -
1. Pers. Pl.	audi- -	ag- -
2. Pers. Pl.	audi- -	ag- -
3. Pers. Pl.	audi- -	ag- -

Perfekt		
1. Pers. Sg.	audī-	āc-
2. Pers. Sg.	audī-	āc-
3. Pers. Sg.	audī-	āc-
1. Pers. Pl.	audī-	āc-
2. Pers. Pl.	audī-	āc-
3. Pers. Pl.	audī-	āc-

Konjunktiv Passiv

	i-Erweiterung
Präsens	
1. Pers. Sg.	capi- -
2. Pers. Sg.	capi- -
3. Pers. Sg.	capi- -
1. Pers. Pl.	capi- -
2. Pers. Pl.	capi- -
3. Pers. Pl.	capi- -

Perfekt

1. Pers. Sg.	cap-
2. Pers. Sg.	cap-
3. Pers. Sg.	cap-
1. Pers. Pl.	cap-
2. Pers. Pl.	cap-
3. Pers. Pl.	cap-

posse, velle, īre: Konjunktiv

	posse	velle
Präsens		
1. Pers. Sg.	pos-	vel-
2. Pers. Sg.	pos-	vel-
3. Pers. Sg.	pos-	vel-
1. Pers. Pl.	pos-	vel-
2. Pers. Pl.	pos-	vel-
3. Pers. Pl.	pos-	vel-
Perfekt		
1. Pers. Sg.	potu-	volu-
2. Pers. Sg.	potu-	volu-
3. Pers. Sg.	potu-	volu-
1. Pers. Pl.	potu-	volu-
2. Pers. Pl.	potu-	volu-
3. Pers. Pl.	potu-	volu-

īre

Perfekt

1. Pers. Sg.	e- -
2. Pers. Sg.	e- -
3. Pers. Sg.	e- -
1. Pers. Pl.	e- -
2. Pers. Pl.	e- -
3. Pers. Pl.	e- -

Perfekt

1. Pers. Sg.	i-
2. Pers. Sg.	i-
3. Pers. Sg.	i-
1. Pers. Pl.	i-
2. Pers. Pl.	i-
3. Pers. Pl.	i-

ferre

Präsens	Indikativ	Konjunktiv
1. Pers. Sg.	fer-	fer- -
2. Pers. Sg.	fer-	fer- -
3. Pers. Sg.	fer-	fer- -
1. Pers. Pl.	fer- -	fer- -
2. Pers. Pl.	fer-	fer- -
3. Pers. Pl.	fer- -	fer- -

Futur I	Indikativ
1. Pers. Sg.	fer- -
2. Pers. Sg.	fer- -
3. Pers. Sg.	fer- -
1. Pers. Pl.	fer- -
2. Pers. Pl.	fer- -
3. Pers. Pl.	fer- -

Inf. Perfekt	tul-

Perfekt

	Indikativ	Konjunktiv
1. Pers. Sg.	tul-	tul-
2. Pers. Sg.	tul-	tul-
3. Pers. Sg.	tul-	tul-
1. Pers. Pl.	tul-	tul-
2. Pers. Pl.	tul-	tul-
3. Pers. Pl.	tul-	tul-

Plusquamperfekt

	Indikativ	Konjunktiv
1. Pers. Sg.	tul-	tul-
2. Pers. Sg.	tul-	tul-
3. Pers. Sg.	tul-	tul-
1. Pers. Pl.	tul-	tul-
2. Pers. Pl.	tul-	tul-
3. Pers. Pl.	tul-	tul-

Futur I

	Indikativ
1. Pers. Sg.	tul-
2. Pers. Sg.	tul-
3. Pers. Sg.	tul-
1. Pers. Pl.	tul-
2. Pers. Pl.	tul-
3. Pers. Pl.	tul-

Unregelmäßige Verben (1. Sequenz)

Infinitiv	Präsens	Perfekt	PPP	dt. Bedeutung
ē-Konj.				
augēre				
kons. Konj.				
āvertere				
compōnere				
contingere				
dēligere				
fingere				
flectere				
indūcere				
īnstituere				
spargere				
surgere				
tegere				
trādere				
trahere				
efficere				

Unregelmäßige Verben (2. Sequenz)

Infinitiv	Präsens	Perfekt	PPP	dt. Bedeutung
ā-Konj.				
vetare				
ē-Konj.				
dērīdēre				
obtinēre				
ī-Konj.				
punīre				
reperīre				
vincīre				
kons. Konj.				
agere				
cōgnōscere				
comprehendere				
cōnsistere				
cōnsulere				
corrumpere				
dēcēdere				
dīcere				
invādere				
quaerere				
repellere				
vertere				

vincere				
vīvere				

adicere				
obicere				
cōnficere				

esse

interesse				

īre

prōdīre				

Unregelmäßige Verben (3. Sequenz)

Infinitiv	Präsens	Perfekt	PPP	dt. Bedeutung

ē-Konj.

cēnsēre				

ī-Konj.

aperīre				

kons. Konj.

addere				
dēdere				
dēligere				
ēripere				
exstinguere				
impōnere				
incēdere				
omittere				
ruere				

ferre

ferre				
afferre				
differre				
īnferre				
perferre				
referre				

Unregelmäßige Verben (4. Sequenz)

Infinitiv	Präsens	Perfekt	PPP	dt. Bedeutung
ā-Konj.				
cōnstāre				
ē-Konj.				
remanēre				
permovēre				
ī-Konj.				
custōdīre				
dēsilīre				
fīnīre				
kons. Konj.				
accendere				
caedere				
cōnsūmere				
fallere				
prōdere				
subigere				
succēdere				
prōspicere				
esse				
īnesse				

Unregelmäßige Verben (5. Sequenz)

Infinitiv	Präsens	Perfekt	PPP	dt. Bedeutung

ē-Konj.

dolēre				

kons. Konj.

premere				
prōpōnere				

Deponentien

Infinitiv	Präsens	Perfekt	PPP	dt. Bedeutung

ā-Konj.

arbitrārī				
hortārī				
imitārī				
mīrārī				
versārī				

ē-Konj.

cōnfitērī				
intuērī				
pollicērī				
rērī				
tuērī				

verērī				
vidērī				

ī-Konj.

experīrī				

kons. Konj.

aggredī				
ēgredī				
ingredī				
sequī				
cōnsequī				
persequī				
querī				
īrāscī				
loquī				
nāscī				
oblīvīscī				
patī				
proficīscī				
ūtī				